本书为广西科技师范学院科研基金重点资助：　　　　、　　日编号 GXKS2020ZD004）

高校图书馆档案馆数字资源融合服务研究

韦仕江 ◎ 著

吉林人民出版社

图书在版编目(CIP)数据

高校图书馆档案馆数字资源融合服务研究 / 韦仕江
著 . -- 长春 : 吉林人民出版社 , 2023.6
ISBN 978-7-206-20084-7

Ⅰ . ①高… Ⅱ . ①韦… Ⅲ . ①院校图书馆 – 数字图书
馆 – 图书馆工作 – 研究②数字技术 – 应用 – 高等学校 – 档
案工作 – 研究 Ⅳ . ① G258.6 ② G250.76 ③ G647.24-39

中国国家版本馆 CIP 数据核字 (2023) 第 108844 号

高校图书馆档案馆数字资源融合服务研究
GAOXIAO TUSHUGUAN DANG'ANGUAN SHUZI ZIYUAN RONGHE FUWU YANJIU

著　　者：韦仕江
责任编辑：王　丹　　　　　　　　　封面设计：李　君
吉林人民出版社出版 发行（长春市人民大街 7548 号）　邮政编码：130022
印　　刷：河北万卷印刷有限公司
开　　本：710mm×1000mm　　　1/16
印　　张：13　　　　　　　　　　字　　数：220 千字
标准书号：ISBN 978-7-206-20084-7
版　　次：2023 年 6 月第 1 版　　　印　　次：2023 年 6 月第 1 次印刷
定　　价：78.00 元

前 言

　　21 世纪，计算机技术、网络技术等迅猛发展，对各行各业都产生了很大影响，高校图书馆档案馆也不例外。信息时代的发展给高校图书馆档案馆带来了新发展、新机遇。本书以信息时代为背景，以高校图书馆档案馆为研究对象进行深入探究。高校图书馆档案馆是高校的文献信息保障中心，也是为高校教学和科研提供服务的重要机构，与高校教学和科研的关系极为密切。高校图书馆档案馆拥有丰富的信息资源，为广大师生提供多种服务，对高校的发展起着非常重要的推动作用。

　　互联网的发展和应用不仅为高校图书馆档案馆的各类服务提供了新的工具和平台，给高校图书馆档案馆带来了更多的发展机遇，也为高校图书馆档案馆带来了新的挑战。随着信息技术的兴起和经济的发展，社会上涌现出了大量的信息服务机构，这使得高校图书馆档案馆固有的信息资源优势被逐渐弱化。高校图书馆档案馆应该学会适应新的信息技术革命发展的需要，完成科学转型和创新发展，就成为值得我们深入探讨的重要课题。

　　本书构思严谨，观点新颖，深入浅出，知识系统完善，希望对广大读者在工作上有所指导。笔者在写作过程中借鉴了国内外很多相关的研究成果及文献资料，在此对相关的学者、作者表示诚挚的谢意。由于笔者水平与精力有限，书中难免存在疏漏之处，敬请各位读者与同行批评指正，以便使本书不断完善。

目 录

第一章 高校图书馆数字资源服务 1

第一节 高校图书馆数字资源 1

第二节 高校图书馆数字资源建设 10

第三节 高校图书馆数字资源服务 19

第四节 国内外基于多技术融合的数字资源利用服务研究 24

第二章 图书馆数字资源整合 27

第一节 图书馆数字资源整合的必要性 27

第二节 图书馆数字资源整合的原则、标准与内容 30

第三节 图书馆数据整合的模式 36

第四节 图书馆数字资源与服务整合的机制 41

第五节 图书馆数据整合技术 48

第三章 图书馆数字资源建设与服务保障体系的构建 56

第一节 图书馆数字资源建设与服务的法律保障体系 56

第二节 图书馆数字资源建设与服务的标准保障体系 60

第三节 图书馆数字资源建设与服务的技术保障体系 76

第四节 图书馆数字资源建设与服务的人才保障体系 82

第五节 图书馆数字资源建设与服务的用户保障体系 86

第四章　档案馆数字资源建设与服务 97

　　第一节　档案馆数字资源建设 97

　　第二节　数字档案馆信息资源服务 105

第五章　档案馆数字资源的信息安全 132

　　第一节　档案馆数字资源的网络安全 132

　　第二节　档案馆数字资源的日常安全管理 139

第六章　档案馆数字资源管理的创新 148

　　第一节　档案资源管理的形势 148

　　第二节　数字档案资源管理的技术应用 152

　　第三节　互联网环境下档案信息及资源开发 156

　　第四节　高校档案数字资源管理的创新及对策 159

第七章　图书馆档案馆数字资源融合服务 164

　　第一节　图书馆档案馆融合的模式选择 164

　　第二节　图书馆档案馆融合的元数据方案构建 169

　　第三节　图书馆档案馆数字资源融合的服务模式 184

第八章　图书馆档案馆数字资源融合服务实践 193

　　第一节　客观环境条件优化 193

　　第二节　建立图书档案数字融合服务管理机制 195

　　第三节　提升网络安全保障能力 199

参考文献 201

第一章 高校图书馆数字资源服务

第一节 高校图书馆数字资源

一、高校图书馆数字资源概述

(一)图书馆数字资源的界定

1.资源

马克思在《资本论》里提出,财富最原始的两个形成要素就是土地与劳动。恩格斯也曾表示,当劳动跟自然界在一起时,才是一切财富的源泉,自然界为劳动提供材料,劳动把材料转化为财富。这些定义都对自然资源客观存在的价值给予了肯定,且非常认同人的主观能动性对自然资源的影响十分关键,所以人与自然资源都为财富来源。也就是说,资源是客观存在于自然界与人类社会中,能够被量化且可以创造物质与精神财富的事物,如矿产资源、水力资源、生物资源、海洋资源、风力资源等,还有如今愈加丰富的信息资源。本书中提到的资源便是以信息资源作为基础的高校图书馆数字资源。

在《经济学解说》中,资源是在生产过程中使用的投入,该定义将"资源"这个词语的经济学内涵阐述得十分准确,从根本上来看,资源其实是生产要素。通常情况下,资源会被划分为两人类,分别为自然资源与社会资源。前者是在原始状态中依旧具有价值,无须经过生产、加工得到的事物,是自然财富,它在特定情况下可以产生经济价值,让人们的生活水平得到提高，是自然环境因素的综合，包括空气、阳光、土地资源、动物资源、矿产资源等。后者则是为了满足人们的需求，它是可以提供帮助且能够以具体服务呈现出来的客体，是如信息资源、人力资源等需要在劳动中创造出来的物质财富与精神财富。

联合国环境规划署认为资源就是在特定的时期、地点与条件下，可以产生社会价值与经济价值，从而为人类谋取当下以及未来的福利的自然因素与条件的综合。也就是说，资源就是一些自然与社会因素，其能够被利用进行价值生产，从而为人类生产、生活提供帮助。

综上所述，资源其实就是创造物质财富和精神财富的投入要素及条件保证的总称。它广泛存在于人类社会和自然界中，且有多种多样的形态。本书中提到的数字资源为信息资源的一个组成部分，随着当前信息化的发展，数字资源开始得到大众的关注和重视。

2.电子资源

电子资源就是被电子化的信息资源，是人们通过电子数据的形式，将文字、图像、视频等各种形式的信息存储于各种非印刷介质如磁、光上，并使用光信号或者电信号进行传输，最终借助计算机或者外部设备呈现出来的信息资源。因此，电子资源是一个需要将计算机或者外部设备当作载体呈现各种形式信息的可以被利用的信息资源。其不仅包括我们比较熟悉的网络信息资源，还包括一些不会在网络中进行传输的信息资源，如光盘数据库。

一般来说，电子资源有狭义与广义之分。狭义的电子资源也被人称为数字资源，如图书馆采购的各种电子书。其主要指由出版商或数据库商生产发行的、商业化的正式出版物，包括电子图书、数据库、电子期刊等，其中数据库还包括全文数据库、参考数据库与事实数据库。广义的电子资源是如声音、文字、图像等所有形式的信息使用电子数据形式存储在非纸介质的载体里，如磁、光，并需要借助计算机、网络通信或者终端方式再度呈现的资源。本书研究的内容为狭义的电子资源，也就是数字资源。

3.数字资源

数字资源的定义为通过数字形式记录下来，并以文本、图形、声音或者动画等多媒体形式表达出来，在互联网上采取分布式存储的资源的集合。该定义极为广泛，将数字资源的载体与形式指了出来，说明了其本质。数字资源在图书馆领域里跟传统纸质文献资源是相互对应的，其同样是一种文献信息表现形式。如今，随着计算机技术、多媒体技术和通信技术的飞速发展，且传统纸质文献的保存和传播存在一些难以克服的问题，现代社会的信息需求完全无法单纯凭借纸质文献来满足。此时，传输方便快捷、共享操作简单的数字资源的出现，大大弥补了纸质文献的缺陷。除此之外，教育部高等学校图书情报工作指导委员会、中国图书馆学会高等学校图书馆分会在《高等学校图书馆数字资源计量指南》（2007 年）中曾对数字资源进行了一个较为权威的定义，即由图书馆引进或者自建的，包括购买、受赠、转换、扫描、录入等，拥有网络使用权或者光、磁介质的数字化的文献资源。该定义可以让我们更好地展开对高校图书馆数字资源利用与配置问题的研究，因此本概念为本书的行文标准。

数字资源拥有远超传统纸质文献资源的优势：其有丰富多样的内容，只需极小空间便可存储大量信息，信息化的发展也让资源传输十分便捷，有多种多样的检索方式，高速发展的移动终端让数字资源更加便携，网络公共平台为其资源共享性与交互性奠定了基础，而且还经济实惠。不过，数字资源也有一些缺陷，如信息量过多导致当前数字资源良莠不齐，将纸质资源转换成数字资源需要极大的工作量等。总而言之，数字资源极大地满足了目前高校图书馆的用户需求，打破了传统的地域限制。

4.数字资源与纸质资源的比较

如今，纸质资源存在时间超过了千年，而互联网的发展促进了电子阅读的兴起，人们的阅读方式发生了极大改变，一时之间，人人都开始追逐网络阅读的潮流。跟数字资源相比，纸质资源自身具有一定的特点，使其有存在的必然性，如纸质资源自身不存在辐射，不会严重影响人们的视力，排版美观合理，阅读体验感更为舒适，而且阅读者能拿起笔随时对阅读内容进行批注，记录所思所想，获得跟电子阅读完全不同的阅读感受。

纸质资源的使用历史十分悠久，如今已经研究出了一套具有较强操作

3

性的、成熟的长期保存方式，可以保证纸质资源长久保存，有很强的安全性。而全球网络化的发展也带来了较为严峻的安全问题，那就是数字资源可能会被黑客入侵或者计算机病毒破坏，造成重要信息的丢失或泄露，从而产生经济损失，所以我们必须对此引起重视，尽量增强数字资源的安全性。因此，纸质资源依旧不会被数字资源完全取代，且两者之间仍要保持均衡发展态势，共同繁荣。例如，一些纸质资源可以选择发行电子版，以此来更好地保存与传递信息。同时，也可以学习纸质资源在知识产权上的法律，研制一套保护数字资源知识产权的法律，让数字资源出版者和生产者的利益得到保护。

（二）高校图书馆数字资源的特点

1.共性

（1）共享性。传统纸质文献资源会受到时空以及复本数的限制，因而在相同的时间与空间里，只能服务于一个人。有限的印刷数量，给流通传阅造成一定的阻碍，因此纸质资源的传播和共享一直都存在局限性。而计算机技术、多媒体技术以及通信技术的发展，加深智能终端在大众中的普及，数字资源完全不再受时间与空间限制，处于不同地区的人们可以通过网络平台在任意时间和他人共享一份资源，这让广大用户的实用功能体验更加良好。由于数字资源让传统图书馆之间拥有了更加便捷的交流途径，因此，众多高校图书馆十分重视对数字资源的建设与利用，高校图书馆之间的交流愈发频繁。数字资源拥有独特的优越性，使其变成了特殊的信息资源，要想将数字资源的共享功能最大程度地发挥出来，就必须确保网络环境的安全性。

（2）交叉覆盖性。交叉覆盖性涉及两个方面：一方面为数字资源之间的交叉覆盖，也就是各种数字资源在某些数据源上存在重复情况，如可能在许多个数据库中都收录着一篇相同的期刊，以及综合性的数字资源可能会跟自然资源与社会资源交叉重复。高校图书馆通常会购买许多数据库，或者一个数据库里的某个专题，然而在大部分情况下，图书馆并不会逐一查看数据库中的资源，所以高校图书馆数据资源存在交叉重复的情况。另一方面是数字资源和印刷资源相互交叉覆盖，也就是在不同的载体中有着相同的内容，如

《党员文摘》，在"中国当红网"这一网络平台中有其数字版资源，而在馆藏中又有纸质版的刊物资源。除此之外，许多影响力较大的杂志，如《故事会》《青年文摘》等都有自己的电子版与门户网站。不过，正是移动终端的不断发展，诞生了电子化的纸质资源。

（3）受设备（服务器）的限制。数据资源会以各种各样的方式在各种独立设备中存储，因而数据操作平台有所不同，而且只有借助计算机、手机等移动终端才能传递和储存数字资源，这导致数字资源相比于纸质资源不够真实与直观，无法实现随时阅读。因此，设备条件对数字资源有很大的限制，同时会被兼容性、软硬件条件、匹配性等因素影响，如果不处在特定的技术环境与网络环境中，信息资源很难被呈现出来。不过，如今各种移动终端的智能化程度越来越高，此类限制逐渐被打破。

（4）信息存在安全隐患。网络环境复杂万千，还有各种人为因素的干扰，这导致人们在传播、存储和使用图书馆的数字资源时往往面临着安全隐患，主要表现在人为因素、系统漏洞和计算机病毒等方面。数据库是十分重要的信息资源组成部分，其安全程度对整个信息系统都有影响，如今许多图书馆都会通过购买供应商提供的各类数据库来构建自己的数字资源，倘若数据库自身出现失误，那就可能造成信息的丢失，或者阻碍用户正常获取资源。当安全措施有缺漏时，很可能会发生数据丢失、损坏以及信息外泄等一系列问题。一些图书馆在管理数据信息上使用的各种应用软件系统以及操作系统也可能有安全缺陷。如今的互联网上，病毒愈发猖狂，能够通过木马网站、U盘、电子邮件等各种途径入侵电脑，使系统瘫痪或者删除、偷取文件，且很多病毒十分隐蔽，让人难以防备。因此，在建设图书馆数字资源时，必须重视设置完善的安全措施。人为因素引发的信息安全问题也十分常见，设计人员和管理人员没有引起重视，特别是在设计上，有时会过度关注性能，对安全有所忽视。管理人员经常在日常工作中接触到系统的密码，如果在工作时出现失误或者操作不当，都可能产生安全问题，如系统故障或者信息泄露等。用户没有树立起安全意识，面对安全问题也不了解处理方式，最终导致个人信息泄露，还有一些用户因为操作失误或者马虎大意，导致计算机感染了木马病毒，进而威胁到了整个局域网的安全。

（5）便捷性和时效性。数字资源内容的更新具有便捷性与实效性，发布与编辑流程较为简单，且随着各种网络平台的兴起，信息传播有了更多载体。互联网具有交互性与开放性，用户能够及时收到外界的信息，且能够在任意时间对自己的信息或者作品进行更改，而非如同纸质资源一般，必须经历编辑、印刷、出版等多个环节，节省了成本与时间。网络出版物和数据库往往会有较短的更新周期，其动态更新与高效的实时传递能力远超纸质资源。存储和传播数字资源时不会被时空限制，多个用户能够在相同时间内共享一个资源，在相同平台中浏览和应用各种各样的资源，只要其有对应的程序与设备，就能够直接下载自己需要的资源，更可以在任意时间即时传递资源。

（6）多样性。数字资源多样性主要从三个方面来体现，即形式的多样性、类型的多样性以及检索方式的多样性。根据划分方式的不同，数字资源有许多种类型，如根据载体，数字资源可分为有形与无形两种。前者就是使用软盘、光盘等载体进行出版的数字资源，后者便是将网络作为载体进行存储和传播的数字资源。根据存储的信息内容，数字资源可以分为电子杂志、电子期刊、电子图书、数据库等。根据载体类型，数字资源可分为文本数字资源、图书数字资源等。根据对数字资源的加工层数，数字资源可分为一次、二次与三次文献资源等。根据学科类型，数字资源可以分为自然科学资源、社会科学资源等。

数字资源有和纸质文献资源相同的使用文字与图像的传统表达形式，也有使用多媒体技术所形成的动画、声音、视频等表达形式，能够带给用户更加丰富的听觉与视觉体验，使阅读变得更为有趣。超文本技术让数字资源的表达形式更加丰富，信息传播与交流范围更为广阔，也让用户能够更直观地接受和理解信息内容。

如果想要快速检索到自己需求的信息，就要采用最合适的检索方式。根据文献的外部特征，检索方式分为按作者检索、按篇名检索、按摘要检索、按文献来源检索、按单位检索等。根据文献类型，检索方式分为博硕士检索、期刊检索、报纸检索、会议检索、年鉴检索、外文文献检索等。根据文献内部特征，也就是文献内容，有三种检索方式：一是常见的中图法，此方式十分方便快捷，直接根据分类体系来检索需求的内容即可；二是关键词检索，将检索资源中有关键作用的词语编制为"关键词索引"；三是主题检索，即根据内容主题性质检索，将与主题相关联的资源集中到一起，方便用户掌握与理解，且与用户习惯更为相符。

2.个性

高校图书馆数字资源除了具备数字资源和信息的共同特性外，还具有自身特定群体的个性。

（1）学术性和知识性。高校图书馆的数字资源服务于校内学生和教师的教学、科研与学习活动，在科研与教学过程中，往往要求资源更具知识性、学术性与专业性，因此高校图书馆的数字资源跟普通数字资源相比，在知识性与学术性上更高。这一点高校图书馆在建设自身数据库时也有充分考虑，购买的数字资源往往具备权威性强、专业性强、学术性强的特点，只有这样才能满足校内用户的需求。所以，知识性和学术性不仅是高校图书馆数字资源的一种个性，更是其最主要的特征。

（2）专业性和学科交叉性。每个高校的优势学科与办学目标都有一定的差异，这些差异在图书馆数字资源上的表现就是有更加专业性的设置。不过，随着时代的发展，学科已经并非孤立发展的个体，许多交叉学科涌现，高校图书馆在配置数字资源时也会额外关注专业性以及学科交叉性。因此，高校图书馆数字资源具有专业性以及学科交叉性的特性。

（3）定期更新。高校图书馆会定期或者不定期地对购买的各种数字资源进行更新，因为随着知识的更新换代，读者对资源的要求越来越高，为了能给用户提供更好的服务，图书馆和数字资源供应商经常对数据库进行更新，从而适应用户的需求。因此，高校图书馆数字资源具有定期更新这一特性。

二、数字资源的分类

高校图书馆数字资源可以根据不同的分类标准划分为多种类型。本书从内容表现形式、来源的角度对数字资源进行分类。

（一）按内容的表现形式划分

根据内容的表现形式，数字资源可以分为电子期刊、电子图书、电子杂志、电子报纸等。

1.电子期刊

电子期刊也被称为网上出版物和电子出版物。从广义角度来看，所有具有电子形式的期刊都属于电子期刊的范畴，也就是说，只要在联机网络中能够检索到的期刊以及使用 CD-ROM 形式发行的期刊都在其范围内。电子期刊相比于印刷资源更为便捷直观，且实效性更强，发展前景十分广阔。电子期刊的优点包括传播速度快、内容信息量大、检索方便简单、共享性强等。如今，电子期刊分为两大类：一类为网络版电子期刊，即纯电子期刊，没有印刷版；另一类则为纸质版期刊的电子版，如影响力较大的《读者》《故事会》《青年文摘》等，既有电子版，也有纸质版，还有自身的门户网站。

2.电子图书

因传统图书馆具有局限性，所以读者的阅读在时间和地点上也存在局限性。如今，数字化快速发展，电子图书因具有存储量大、便捷，突破了时空限制的特征，逐渐变成了现代人最常用的阅读方式。跟印刷版纸质图书相比，电子图书在检索功能上的优势最为明显，读者可以自主根据需求或者爱好进行检索。电子图书具体可以分为两类：一类是纸质图书的电子版，如我们非常熟悉的《水浒传》《孙子兵法》等都有电子版；另一类则是电子图书数据库，如超星数字图书馆和独秀图书馆数据库。

3.电子杂志

5G 时代的到来，加上个人终端设备的普及，让电子杂志拥有了一个发展的契机。电子杂志主要有两种，一种为大众较为熟悉的印刷杂志的电子版，如非常有名的时尚杂志《瑞丽》系列，其种类丰富，经营理念先进，实践经验多，因而发展出了多种形态与类型的电子期刊。如今，许多品牌杂志都看到了电子杂志的优势，纷纷走上了杂志电子化的道路，希望在电子杂志领域获得竞争优势。另一类则是单发行在网络中的电子杂志。

4. 电子报纸

电子报纸是通过电脑、通信终端来阅读的报纸。电子报纸跟报纸相比，形式更为多样化，内容更加丰富，除了传统纸质报纸常见的图片、文字、表格，还有音频、视频、动画等信息。互联网平台让电子报纸有极快的传播速度，读者可以随时随地检索、传递与讨论信息。虽然电子报纸发展时间不长，但发展速度极快。电子报纸比纸质报纸更好存储和管理，所以是非常重要的数字资源的成员之一。

（二）按照数字资源的来源划分

根据来源，数字资源可以分为引进数据库、自建特色数据库、学科导航库、图书馆采集的网络数字资源。

1. 引进数据库

引进数据库指的是图书馆从数据库提供商处所购买的数据库。如今，许多高校图书馆一般都是从引进数据库作为数字资源的主要组成部分。引进数据库包括中文与外文数据库，具有极高的学术性、权威性和专业性，覆盖面大，内容多样，可以从很多方面为学术研究人员、教师以及学生提供帮助。

2. 自建特色数据库

尽管如今网络上可以检索到各种类型与内容的数字资源，信息极为丰富，但在获取比较专业的信息方面，检索海量内容得到的结果并不一定有很大的帮助。为了让专业化检索需求得到满足，必须建立一个具有专业化特色、主题鲜明的特色数据库。而在高校图书馆中，数字资源可以促进教学以及科研职能的发挥，所以现代高校图书馆必须建设学科特色数据库，完成自己数据资源建设的任务。高校图书馆应充分了解本校的学科专长、读者对象、教学水平、用户需求等信息，在此基础上自主建设特点明显、专业性强的学科特色数据库，更好地为学校的教学和科研服务。

3. 学科导航库

高校图书馆在建设数字资源的过程中，涵盖的资源包括因特网资源、中外文全文数据库、馆藏资源等。尽管这些资源类型齐全、内容丰富，有效帮助了学生、教师和科研人员的学习和工作，但各种资源的存储方式有所不同，且来自不同的数据库，所以用户仍有大量时间花费在了检索和进出数据库上。因此，高校图书馆在建设数字资源的一大任务就是整合所有资源，形成跨平台跨库一站式检索功能。而解决该问题的最佳方案便是建设学科导航库。在中国高等教育文献保障系统管理中心看来，学科网络资源导航库就是根据学科分类对具有利用价值的学术类网络资源进行搜集分类，也就是将学科作为分类标准，搜集与整合互联网信息资源，并以此为基础建立导航系统。高校图书馆要安排专业人员筛选学科导航库的资源，加工与重组其中的有用资源，从而使其形成一个整体，能够供用户快捷、全面检索所需内容。伴随"CALIS 重点学科网络资源导航"的建设，许多高校都以自身学科特点以及用户需求作为出发点建设了学科导航库，且在自身图书馆主页中增加了学科导航功能。

4.图书馆采集的网络数字资源

在因特网中，用户可以搜集到许多免费使用的资源，高校图书馆会筛选这些资源，并进行加工与整合，取其精华，去伪存真，为用户提供可信、高质量的资源。

第二节　高校图书馆数字资源建设

一、我国高校图书馆数字资源建设的特点

（一）数字资源类型比较全面

我国高校图书馆几乎引入了每一种类型的数字资源，如期刊、报纸、学位论文、科技报告、年鉴、多媒体资源等。其中，最常见的文献类型就是电子图书、学位论文与数字期刊。

电子图书制作极为简单方便，且便于阅读，无须太多的保存成本，因此非常受人们的欢迎，它影响着人们阅读方式的改变，并成为图书馆的一大重点引进对象，各个高校引进的电子图书平台主要包括书生之家、超星数字图

书馆、方正 Apabi 数字图书馆等。

数字期刊具有很多优点，如出版周期短、使用便捷、组织灵活、具有交互功能，且其具有世界上最重要与最新颖的研究成果，能够为高校的教学与科研工作提供更好的服务，因此非常受学生和教师的欢迎，所以数字期刊是高校图书馆的重点引进资源类型。国内高校图书馆主要从中国期刊网、万方数据库、中文科技期刊数据库等引进数字期刊。近些年兴起了一种全新的学术出版模式，即开放期刊，该出版模式较原本的数字期刊更加开放，所有人都可以对文献全文进行阅读、传播、检索、复制、下载、打印、链接等。只要使用目的合法，就可以跨越法律、技术或费用的障碍使用文献，但必须确保作者掌握着作品完整权，并且在使用文献时要将引用信息注明。可以看到，数字期刊的出现，为学术信息的广泛传播和深入交流提供了很大的帮助，对学术成果转化也有帮助。国内比较著名的开放期刊平台包括中国预印本服务系统、中国科技论文在线等。

学位论文库对高校中的科研人员和学生有着很大的帮助，它能够为科研人员提供了解课题研究动态的渠道，也会将一些理论和方法提炼出来以供借鉴，师生借助学位论文库可以轻松找到一个合适的论文选题以及论文大体的研究方向，减少研究工作中的多余环节。国内高校图书馆中比较常见的学位论文库包括中国博士学位论文全文数据库、Pro Quest 博硕士论文全文数据库、中国学位论文全文数据库等。

（二）全文性数据库所占比例较高

全文数据库体现出图书馆具有广泛化的内容以及深化的服务层次。全文数据库使得学术性大大增强，其收录的内容往往是政府出版物、期刊论文和会议论文这一类信息，能在很大程度上让师生的信息需求得到满足；而且其拥有一个发展极为成熟的检索系统，使用者只需要登录网络，便可以自主找到需求的信息，而不是像以往一般，要借助专业检索人员的帮助来检索所需内容，极大地提高了资源的利用效率。高校图书馆通常会引入的全文数据库包括 Nature、万方数据库、中国期刊全义数据库、中文科技期刊全文数据库等。

（三）外文数据库引进数量多于中文数据库

大部分的中文数据库都是综合型的大型数据库，比如 CNKI 系列数据库、维普系列数据库等，这些数据库中的资源全面而多样化，一些高校图书馆如果在经费有些拮据，那性价比最高的选择就是购买这些综合型数据库，如此一来，几乎可以涵盖绝大多数的学术研究成果。而外文数据库与中文数据库的差异极大，它往往是被出版社或者某个学术机构构建而成的数据库，并不会推销给其他数据库供应商，因此其容量比较小，专业性较差，需要大量购买。除此之外，外文数据库因容量较小，价格较为低廉，学校如果有意，往往可以用购买一个综合型中文数据库的资金购买许多个外文数据库。

（四）地区优势比较明显

重点高校分布区域广泛，无论是经济发达地区，还是经济欠发达地区，都有高校存在。不过，相较而言，华南、华北和华东地区更加富庶，这些地区的高校图书馆拥有的经费较多，可以引进更多的数据库，在其他经济欠发达地区，高校图书馆引进的数据库数量较少。其中，单是北京、上海、湖北、江苏和广东这五个省市所拥有的数据库数量就达到总量的一半以上。由此可见，数字资源分布差距悬殊。有的高校图书馆拥有丰富的数字资源，有的高校的数字资源则寥寥无几。

（五）引进的数据库知名度、权威性较高

高校图书馆往往倾向于引进知名度较高且数字资源建设质量受到颇多好评的数据库，如国内的超星电子图书、中国期刊网、中文科技期刊数据库，以及外国的 Pro Quest、Elsevier Science、Springer Link 等，都是非常知名的权威数据库。

全球有超过 60000 个图书馆，在上百个国家和地区中采用了 OCLC 的服务来采集、查询与保存图书馆的资料。1999 年，我国建立了国家知识基础设施，如今已经发展为 CNKI 数字图书馆，它拥有世界上最大规模的全文信息量，主要数据库包括中国图书全文数据库、中国期刊全文数据库、中国重要会议论文全文数据库等。

二、我国高校图书馆数字资源建设的规划与对策

（一）明确数字资源建设的规划与原则 ①

资源建设规划作为纲领性文件，明确规定了资源建设的任务、目标、步骤、方式等具体内容。数字资源建设工作应以制定资源建设规划作为首要任务。数字资源建设规划可以从宏观角度为数字资源建设工作提供指导和帮助，为其提供政策性的规范与标准，为数字资源服务、数字资源建设提供依据。

高校图书馆应该根据学校、图书馆的发展规划，学校学科建设情况，图书馆的购书经费等条件，制定数字资源建设规划。数字资源建设规划应该包括目标、方针、程序、模式、任务、重点、时间规划等内容。

高校应按照以下原则进行数字资源建设工作。

1. 标准化与规范化原则。要围绕数字资源建设建立规范解决方案，为数字资源的数据交换、储存等提供基础保障，并实现资源共建共享、网络存取等建设目的。因此，在设计数字资源平台，构造网络信息服务系统的过程中，必须坚持通用标准，使用能够兼容的应用型软硬件。

2. 需求原则。在建设数据库时，要从用户需求出发来进行选题，而不是盲目选题，确保数据库能够满足人们的教研需求。同时，要考虑到数据库的实用价值。也就是说，要追求数据库建设的目标，也就是让读者的阅读需求得到满足，让更多读者拥有便利阅读的机会，如果连这一点也做不到，建库也就失去了意义。除此之外，还要适应当今时代的学科发展情况，突出重点学科和专业特色，并根据实际教学和科研的需求来进行数据库建设，确保其可以促进教学与科研工作的进行，能够为经济建设和社会发展带来有益影响。

3. 共建性与共享化原则。在如今的网络时代中，所有高校图书馆并不需要也无法将所有信息资源收入其中，但只依靠自身的信息资源展开信息服务，又无法适应读者日益剧增的信息需求。在此背景下，中小型高校图书馆

---

① 王志庚.国家图书馆的数字资源建设[J].国家图书馆学刊，2008（3）：18.

的发展方向显然就是参与到一个全国性、地区性或者本系统的共建共享活动中，如同其他高校进行合作，一同购买数据库，协力建设特色数据库。通过共建共享，让图书馆数字化建设的效益与效率达到最大化。

4. 特色原则。高校图书馆将来势必会变成互联网的一个重要组成部分，而数字资源的开发与利用以特色为灵魂，也就是说，只有保持自身的特色，才能确保高校图书馆在竞争中占据优势，拥有广阔的发展空间。所以在选择和编排特色数据库的内容时，要呈现出自身特色，如学科特色、地方特色、民族特色等，让这些特色转变成实实在在的优势。在满足用户需求的同时，还要考虑到本数据库的特色在该行业甚至全国高校范围内是否具备权威性，是否无法被一些综合性数据库替代。

5. 保护原则。一些高校图书馆历史较为悠久，保存了很多特藏史料，如古代图片、照片、善本、孤本等。为了保证资源不被破坏，这些图书馆采取封闭式的保护措施，即只藏不借。通常情况下，其阅览服务只为某些专业研究人员提供。然而，这种保护措施完全不利于开发和利用珍贵特藏史料的研究价值与学术价值。当下，拥有特藏史料的图书馆应尽快对其采取数字化技术处理，制成专门的数据库，以供用户检索、浏览。该举措既可以保护我国的文化遗产，也可以促进文化遗产的研究和利用。

6. 可靠性与安全性原则。在建设数字资源时，图书馆需要加工、存储、管理和传递海量的数字资源，终端用户也需要通过网络来获取信息服务，所以图书馆的系统必须具备足够的安全性，并且保证数字资源的可靠性。在建设数字资源时，应选择具有成熟技术以及较高可信度的网络设备，并开启自动数据备份功能来保障数据安全，借助系统中的各项功能，如在线修复、监测、过滤、故障隔离等，保证数据的可靠性以及网络系统的安全性。

（二）加大力度引进中外文数据库

中文数据库提供商为了获取更多的利益，倾向于建设一个内容广泛的大型数据库，将海量的数据信息放进数据库中，并标上一个较为昂贵的价格。因此，高校图书馆应该谨慎思考，要从本校学科专业建设出发，设想好中文数据库的引进会产生怎样的积极效果，并且考虑好重复引进的问题。倘若有大量的经费，那么学校可以根据本校学科专业情况引入大量的专业性数据库，以此针对性地满足师生的学习与科研需求。

相较中文数据库，高校图书馆往往会引入更多的外文数据库。但根据相关调查结果可以看到，国内引进的外文数据库在国外已有的专业数据库中占比只有2%，比引进国内纸质文献的比例要低许多，这明显不适应当前数字图书馆的发展趋势。① 所以，要加大在此方面的资金投入，引进更多的专业性外文数据库。

除此之外，图书馆在引进数据库时也要从被动姿态转变成主动出击。如今，大部分图书馆都是被动引进数据库，很多是遇到了上门推销的代理商，在各种优惠活动的刺激下才开始尝试引入外文数据库进行试用。对此，高校图书馆要找到更多的渠道对全球数据库出版信息进行了解，主动出击，加快图书馆信息资源建设的进程。

（三）加强高校图书馆自建数据库的建设②

首先，要以搜集优势信息资源为最主要的工作内容，并把收集到的本校师生的优秀著作和论文进行整合，建立一个数据库，同时在图书馆主页附上数据库的链接，便于读者进行检索。该数据库的收录以及被引用情况，既可以增强学校图书馆的服务层次，又可以展现出学校的科研水平，彰显该校图书馆数字资源的特色。高校图书馆也可以通过挖掘和发扬当地的特色资源，形成地方性特色数据库。比如，吉首大学地处沈从文故乡，其专门建立了一个"沈从文文献资料室中心"，还有位居伟人故里的湘潭大学，建立了一个"毛泽东思想文献信息中心"。事实上，这些依据地方特色建立而成的数据库，不仅让本校的教学科研拥有了更加个性化和高质量的服务，更是整个地区乃至全国范围内的数字资源共享的前提条件。③

其次，在收集好文献之后，对其进行整合和深度加工，从而形成价值和质量更高的二、三次文献。图书馆信息化建设的一大重要内容就是从深层次

---

① 余清芬.国外数据库引进现状、问题与对策[J].新世纪图书馆，2003（5）：40.

② 毛燕梅.高校图书馆特色数字资源建设值得注意的几个问题[J].图书情报工作，2004（12）：89.

③ 谭芳兰.浅谈高校图书馆特色虚拟馆藏建设[J].情报探索，2006（7）：111.

上开发文献的信息资料。计算机和应用软件这些外部条件只是信息化建设的技术条件和协助手段，对信息的加工、存储、整理、开发等才是最关键和最基础的信息资源建设工作。它会直接影响信息化建设效益，对科技创新和国民经济发展产生影响，是跟硬件和软件配置相比更加复杂、艰苦、重要且持久的一项系统工程。通过对文献进行深层次的开发，既可以充分揭示图书馆馆藏文献的信息资料，又可以保证这些资料得到更好地开发和使用。由此可见，高校图书馆一定不能在信息化建设工作上放松，要不断对文献信息资源进行深层次的挖掘，并根据数据的信息量与数量来进行整理分类，制定专业数据库的建设规划、标准、发展与实施步骤，保证文献信息资源建设工作的顺利进行。①

最后，要围绕重点学科和重点课题，时刻紧追国内外相关领域研究的新观点、新动向，并提供定性、定量的论点汇编和专题报告。② 高校图书馆文献资源优势明显，馆藏特色文献丰富，为建立重点课题、重点学科数据库奠定了基础。一些高校已经从本校特色出发建立了某些学科的文献中心。所以，高校图书馆重点学科有丰富的文献，文献内容具有连续性、广泛性和系统性，对重点学科数据库建设十分有利。比如，北京林业大学建立的林木育种数据库，清华大学建立的建筑数字图书馆等，这些都是围绕本校重点学科建设起来的特色数据库。

（四）加强高校联盟，实现资源共建共享③

因经费有限，且数字化资源价格日趋增长，高校图书馆的数字化建设面临着一系列的阻碍，难以切实实施。建议用立法方式来保证学校经费中有特定的比例专门用于文献购置，教育部门也要帮助核定文献购置费的比例，并进行指导和监督。除此之外，高校之间以及与相关的厂商、主管部门等要形成联盟，一同努力解决经费短缺问题。

数字化图书馆必然会不断发展，最终实现图书馆之间资源的共享互联，

---

① 韩亭，董泗利.网络环境下高校图书馆信息资源建设的原则与策略[J].现代情报，2008（1）：61.

② 吴卓娟.试论网络环境下图书馆信息资源建设[J].图书馆论坛，2001（4）：51.

③ 何邱芳.论高校图书馆数字化资源建设[J].图书馆，2006（4）：86.

而这也是缓解高校图书馆资金压力的重要途径。要想实现资源共享，首先要实现共建，所以必须在资源配置、管理体制等方面进行改革，以集中建设代替单一建设，以开放式管理取代封闭式管理，改变过去的思路，不要因为重复建设而产生资金和时间上的浪费。除此之外，各图书馆要将目光放得更加长远，形成全局意识，将自身的建设与外部环境相互融合，支持资源共享，积极投入到数字资源整体化建设工作中，实现标准与规划的统一，在共享有利条件的基础上来设置高校数字资源建设的大目标，集结各图书馆的经费进行数字资源的统一规划建设，形成一个完善的资源共享机制。以建设"大图书馆"数字化资源为基础，逐渐实现数字资源的分布式存储和管理，"一站式"检索的全新格局。

（五）加强数字资源整合检索建设

数字资源整合是指将数字资源进行优化并重新组合，它并非单纯的数字资源的集合，而是围绕着特定的需求，将所有相对独立的资源系统里的数据内容、功能结构和相互之间的互动关系进行类聚和重组，从而形成全新的整体，形成一个效能、效率更加出色的数字资源体系。数字资源是否被高效利用与吸收同其整合程度有直接关系。

建立在 OPAC（联机公共目录查询系统）基础之上的信息资源整合是一种以传统书目管理为基础形成的整合模式。在高校图书馆中，OPAC 系统的使用频次最高，如果高校图书馆可以充分发挥出 OPAC 系统的作用对资源和服务进行整合，那图书馆的资源利用率将会得到很大的提升。

当下，许多高校图书馆都具备馆藏书目的公共查询系统，其中的编目数据，少则几十万条，多则上百万条。将 OPAC 系统作为基础平台对各种文献资源进行整合，有很多优点，如它可以让读者自然而然地突破馆内书目服务与资源的限制，无须对全新的操作系统进行熟悉，就可以更加自由地享受到馆外资源或者数字资源。通常情况下，有两种使用方式：一是在 MARC（一种标准化数据格式）856 字段里记录电子文献 URL（Uniform Resource Locator，即统一资源定位系统），从而让实体馆藏揭示与链接全文电子文献；二是借助 Z39.50 协议来聚合各种 OPAC 系统，经过整合之后形成一个联合的馆藏书目查询系统。事实上，现如今许多高校都采用了该方式并取得了不错的实践效果，该方式常见于整合传统书目查询系统。

1.以跨库检索为基础的信息资源整合

读者在检索课题时，需要检索大量跟课题相关的文献，然而这些文献资料可能会分布在不同的数据库中，这导致读者往往需要穿梭于各个数据库之间，这样找全自己想要的内容。除此之外，每个检索系统都会有自身的检索界面以及检索方式，在检索字段、检索算符等方面也有一定的差异，读者很容易在检索资源时遭遇阻碍。倘若能够建立一个跨越多个数据库的大型检索平台，可以同时检索所有数据库，那将大大减少读者检索时花费的时间和精力。对此，可通过整合异构数据库资源，实现统一检索，让读者检索文献的效率大大提升。跨库检索具体可分为两个层次：第一层单指在检索界面实现了整合；第二层则是数字资源系统间分布式异构整合检索。

2.以资源导航为基础的信息资源整合

各种信息资源检索入口可以被整合在一个资源导航系统中，形成资源导航库，用户只需要信息资源名、关键词就可以检索到自己想要的资源。资源导航系统能够让读者对信息资源有更加全面的了解，读者可以根据某些特征进行检索、浏览，并找到资源检索入口。资源还可以细分成书目资源、电子报纸、数据库资源等，还可以为各种类型的资源设立相应的单独导航系统。目前，在我国高校图书馆中，最常见的导航系统为数据库导航系统和期刊数字导航系统。如果想让资源导航系统发挥出其应有的效果，就需要对内容进行细致的揭示，这种揭示越详细，资源导航系统的功能发挥得越充分。而信息资源要揭示的内容跟其类型和形式有关，例如，期刊数字导航系统一般需要揭示关键词、刊名、国际标准连续出版物编号、全文起始年限、出版商的URL等内容。资源导航系统通常有三个基本功能，分别为关键词检索、字符浏览以及分类浏览，读者如果能善用这三个功能，就可以极大地提高自己搜寻信息资源的效率，实现对资源的目录或者全文检索。

3.以超链接为基础的信息资源整合

将多个信息链接在一起形成一个相互联系的有机整体，为读者利用信息资源提供方便，这就是链接整合。在进行链接整合时，要格外注意以下几个方面。站在读者的角度来看，应设置很多的链接点，然而过多的链接点会导致迷航。所以，一定要注意资源的分类，按照一定的原则来分类信息资源，保证信息资源分类科学且适应读者使用习惯，让读者能够迅速检索到需要的资源。科学文献之间并非一座座孤岛，而是一个不断延伸、相互之间有着紧密联系的系统。文献之间的相互印证体现了科学发展的客观规律，展现出了科学知识的特性，即继承性、累积性和连续性，以及学科之间的渗透和交叉。各种学术论文之间有着引用和被引用的关系，这种关系最终交织成了一个极为复杂的引文网络，倘若可以充分发挥超链接的特性，借助参考引文将各种资源联系起来，就可以形成一个将知识点之间的直接与间接关系直白反映出来的知识结构性网络体系。这对学术研究来说大有裨益。最理想的引文链接就是将参考文献作为线索，整合各种信息资源，并形成一个相互之间存在知识关系的网络。

第三节　高校图书馆数字资源服务

一、数字资源服务的定义与内涵

数字资源服务是介于数字资源建设和利用之间的中间环节，具有重要地位。图书馆进行数字资源建设就是为了使数字资源得到充分、有效利用。因此，我们应对数字资源服务做更深入的了解。

随着信息技术的飞速发展和网络的普及，数字资源在图书馆资源中所占的比重越来越大，以其自身的优势，如可实现海量存储、检索快、查找方便、节约空间、时效性强、可多人阅读、存取方便等，吸引了越来越多的用户。为了更好地满足用户对数字资源的需求，图书馆结合自身的实际情况，提供了优质的数字资源服务。数字资源服务就是以网络为平台，为用户提供数字资源的一种服务形式。国外学者将数字资源服务定义为"通过集成不同表现形式的信息源，向用户提供的一种服务。这些信息源是本地的、远程的、拥有的、许可的、免费的、商业的、数字的、书目的、全文的、链接的、多媒体的、跨越时空的数据。"①

国内学者崔春将数字资源服务定义为:"通过本地服务器提供或通过网络可获取的高校图书馆的信息服务,包括 OPAC、图书馆网站、在线数据库、学科导航、电子文献传递以及通过图书馆提供的网络访问服务等。"②数字资源服务就是通过一个统一的平台,将所整合的大量的数字资源提供给用户,以满足其信息需求的全部服务活动。从广义的角度来看,数字资源服务包括数字资源建设中的资源选择、采集、组织、加工、整合等,但本书所论述的数字资源服务指的是数字资源的提供。与传统的图书馆资源服务相比,数字资源服务拥有更深的内涵,主要表现在以下几个方面:①转换了信息载体。数字资源服务提供的是电子载体和网络载体,将多媒体功能应用于载体中,加入了多媒体信息,如声音、动画等,更具吸引力。除此之外,网络信息的超链接特性可使用户查询其他图书馆的数字资源,如书目资源、电子书刊、各种数据库等。②丰富了信息内容。数字资源服务除提供传统的信息服务,还增加了多领域的信息服务,如经济信息、文化信息、市场信息、金融信息、旅游信息、娱乐信息、生活信息服务等,为用户提供全面的数字信息服务。③改变了信息渠道。提供数字资源服务的主要渠道为联机检索系统和互联网。随着互联网的普及,其信息开放、进出方便、存取自由等优势,使得任何用户都可将自己的计算机连入局域网或通过网络上的任意节点获取所需的信息,是一种全新的信息提供渠道。④完善了资源服务形式。数字资源服务除提供被动的信息索取服务外,更加重视主动的信息提供服务,如信息推送服务,就是将信息通过某种途径主动推送给用户。⑤增加了提供资源服务的主体。数字资源服务提供主体不仅包括一些公益性的信息服务机构,如图书馆、档案馆等,还包括政府及业务主管部门所属的各类信息中心,以及市场化的信息企业,如各种网络公司、数据库公司、信息咨询公司等。⑥加深了资源服务的层次和深度。数字资源服务既有提供传统意义上的零次信息、一次信息、二次信息和三次信息服务,也有直接帮助解决问题的知识服

---

① 谷卫华,王瑞亨,张凯.河北农业大学图书馆数字资源利用及探析 [J].农业网络信息,2008(8):55.

② 崔春.高校图书馆数字信息资源服务评价研究 [D].长春:吉林大学管理学院,2007.

务。除了要求服务人员拥有较高的知识素质，还要求用户具备相应的知识储备，提高数字资源服务的利用效率。

二、图书馆数字资源服务的原则

数字资源服务的原则[①]：一是最大效益原则，即全面挖掘信息服务机构的资源，最大限度地满足用户的一切需求。在崔春的《高校图书馆数字信息资源服务评价研究》中提出了两条途径，确保用户利益最大化：第一条为图书馆用固定的经费采购最多的数字资源，此为图书馆期望达到的采购预期最大化；第二条为用固定的经费在许可范围内为用户提供最大化服务，此为图书馆所期望的效用预期最大化。二是以用户为中心的原则，和传统信息服务相同，数字资源服务也应围绕用户展开。用户就是信息交流过程中信息传递和交流的目的地[②]，用户是最终实现信息价值的承担者，因此所提供的数字资源服务要以用户为中心，这也是服务的本质所在。数字资源服务凭借自身优势，在现代信息服务体系中逐渐占据主导地位。

三、图书馆数字资源服务的内容与方式

图书馆数字资源服务的根本目的是满足用户的信息需求。由于赖以提供服务的数字资源的存储和传播方式不同以及用户信息需求的变化，因此，和传统的提供文献的信息服务相比，图书馆数字资源服务有其独特的内容与方式。它围绕着用户进行服务，关注用户在数字环境中的信息使用行为、爱好、兴趣、需求特点，为用户组织、搜索、推荐、选择和提供个性化定制信息服务的内容、功能与系统，满足用户的信息需求。[③]

一是信息门户服务。信息门户是用户访问图书馆资源与服务的一个单一入口或者通道。它是一种网络服务，用以完成数字资源内容的高度组织继承和网络应用程序的聚集，并将这些资源与应用集成在一个定制的界面中，以

①　崔春. 高校图书馆数字信息资源服务评价研究 [D]. 长春：吉林大学管理学院，2007.

②　罗贝宁，邓胜利. 用户满意度理论发展与应用研究 [J]. 图书情报工作，2005（4）：23.

③　马费成. 数字信息资源建设与服务研究 [M]. 武汉：武汉大学出版社，2008：24.

此满足每个用户的需求。它还提供了一个统一协作的学术交流环境。从用户角度来看，信息门户是用户访问数字资源和服务的起始点，或称入口。概括地说，信息门户服务就是将图书馆的数字资源、工具与服务集成到一个整体服务系统中[1]，为用户提供方便的信息检索和服务[2]。

信息门户服务的主要特点可概括为以下几个方面：①全面性，即针对各种载体的数字信息和各类用户；②集成性，即将图书馆所需的各种资源与服务聚集到一个知识体系中；③知识性，即根据对知识内容及其相互关系的分析来选择、描述资源组织与服务。[3]

目前图书馆信息门户服务主要形式有资源检索、资源浏览、资源导航、信息动态发布、用户反馈信息处理、其他增值或特色服务。

信息门户服务的功能包括质量控制功能、资源发现功能、资源描述功能和资源组织功能。其中，资源发现功能是信息门户首要的功能，体现在学科信息门户开发、运作的全过程中。可以说，信息门户是实现互联网资源发现功能的重要途径。[4]

二是个性化信息推送服务。个性化信息推送服务是图书馆、档案馆等信息机构通过为用户提供友好的交互界面，使用户可以按照自己的信息需求来进行各种定制，通过智能检验、信息推送等功能，使用户达到高效获取有效信息的目的。简言之，就是针对用户个性化的信息需求，采取一定的技术手段开展的信息服务。这是当前图书馆开展数字资源服务的重要形式和发展方向。信息推送服务不仅能够做到针对用户的需求快速查找信息，而且保证了所提供信息对用户的有用性，做到了信息服务的个性化，能够为用户提供良好服务。因此，信息推送服务是近年来图书馆信息服务的重要发展方向。[5]

① 张晓林.分布式学科信息门户中网络信息导航系统的规范建设 [J].大学图书馆学报，2002（5）：28.

② 孔敬，李广建.学科信息门户：概念、结构与关键技术 [J].中国图书馆学报，2005（5）：51.

③ 张敏，苏建.学科信息门户相关概念辨析及其发展研究 [J].现代情报，2006（4）：25.

④ 李沛.个性化信息推送服务及其在图书馆中的应用 [J].河南图书馆学刊，2010（6）：55.

⑤ 黄林英.学科信息门户的功能探析 [D].杭州：浙江大学公共管理学院，2007，

　　三是个性化分类定制服务。在该服务中，用户能够从自身需求和目的出发，设定数字图书馆的信息表现形式和资源类型以及选取特定的系统服务功能。比如，分类定制能够在用户登录服务系统，输入账户名以及密码之后，根据用户信息，主动为用户递送查询结果，且使用动态网页生成独属于用户的动态页面。如此一来，用户一登入便来到了一个为其量身定做的信息空间中，可以看到其感兴趣的内容，享受其需要的信息服务。① 个性化分类定制服务为用户提供高质量数字资源的同时，方便用户获取信息，是图书馆服务面向用户的表现，最大限度地满足用户的信息需求。

　　四是数字参考咨询服务。数字参考咨询服务是指在图书馆传统参考咨询服务的基础上，运用网络和计算机技术，用户通过网上提问，信息专家给予直接回答或以数字化信息回答的方式实现的一种知识服务机制。② 为了给用户提供更好的服务，图书馆需要做好以下工作：提高馆员素质，做好实用软件开发工作，加强基础设施和网络参考信息资源的建设，提供多种咨询服务。在网络环境下，图书馆数字参考咨询的方式方法正在发生变化，只有坚持"以用户为中心"的服务理念，才能在不断变化的社会环境中发展进步，更好地为社会服务。

　　除了上述运用比较广泛的数字信息服务方式外，伴随着信息技术的发展，一些新的服务方式也在不断出现，如信息智能代理服务、信息呼叫中心服务、信息帮助检索服务、词表导航服务、自动摘要服务等。不断丰富的服务内容和服务方式推动着数字资源服务的发展，赋予信息服务新的时代内涵。③

---

① 徐青云.信息推送在个性化信息服务中的发展趋势 [J].现代情报，2010（3）：57.

② 马费成.数字信息资源建设与服务研究 [M].武汉：武汉大学出版社，2008：28.

③ 王辉，陈玲.国外数字参考咨询服务发展综述 [J].情报科学，2005（5）：792.

第四节　国内外基于多技术融合的数字资源利用服务研究

　　数字资源是指所有以电子数据的形式把文字、图像、声音、动画等信息存储在光、磁等非纸质介质载体中，并通过网络通信、计算机或终端等方式再现出来的资源，包括电子图书、电子期刊及网络信息资源。数字资源有别于自然资源，它是国家的无形财富，是经过人类组织而形成的。随着网络技术的快速发展，数字资源以其检索方便、存储空间小、类型多样、实现高度共享等优点，迅速获得了广大用户的信任。

一、国内基于多技术融合的图书馆数字资源利用服务研究

　　目前，国内图书馆大多已经加强了对于数字资源的建设，为提高数字资源的利用率创造了基本的条件。就我国数字资源整体利用情况来看，还不是很好，即使是我国高校，数字资源利用情况也不容乐观。教师和研究生由于教学科研任务较重，会经常进入图书馆查阅数字资源。本科生情况则不同，他们大多数只是在大四的时候为撰写毕业论文而进入图书馆，进行信息的检索和资源的利用。

　　从图书馆用户使用数字资源的角度来看，使用最多的还是数据库，大部分高校都会引进知名度较高的中文数据库和外文数据库，也有不少高校会构建特色数据库。[①] 而对其他丰富的数字资源则是鲜有人问津。另外，在外文数据库方面，大学生英语水平和检索能力普遍不高，几乎不使用外文数据库，导致外文数据库被浪费。例如，在鲁东大学图书馆中，中国期刊网和中文科技期刊全文数据库使用较好，其他数据库使用率较低，外文数据库使用率极低。[②]

　　从对数字资源使用的培训角度来看，高校图书馆对于图书馆数字资源使用的培训并没有引起足够的重视，虽然有的学校也开设信息检索之类的课

[①]　黄靖靓.高校图书馆数字资源的配置与利用研究[D].武汉：华中师范大学，2013.

[②]　张静.图书馆用户数字资源利用行为实证研究[J].广东工业大学学报，2012（4）：78.

程，但参加的人数却很少。

对于高职高专院校，由于其受科研任务较轻、经费较少等因素的影响，使其对于数字资源的利用情况、所购置数字资源的浪费情况比本科院校更糟糕。一般情况下，学生不是很了解数字资源，所以使用的次数也较少，虽然大部分学生并没有使用过，但其依旧对数字资源有需求。[①] 高职院校的数字资源特点包括建设时间较短，缺少针对性、整体性与特色资源。[②] 并且，许多高职院校在建设数字资源时直接奉行拿来主义策略，经费充足，就大肆购买，经费短缺，就象征性地买一两种；一些学校还会为了满足评估的硬性指标，突击性地购买，造成资金浪费。

公共图书馆是由中央或者地方政府支持、资助与管理的，为社会用户提供免费服务的图书馆，是一个地区，甚至是一个国家精神文明建设的标志。为了提高数字资源的利用率，我国文化部（现为文化和旅游部）、财政部于2011年启动了数字图书馆推广工程。[③] 国内各大图书馆也纷纷践行这一措施，通过派发宣传小册子、设立图书馆服务宣传周、举办数字资源推广讲座等活动大力推广数字资源，但是数字资源的利用率仍然不能与数字资源的拥有量成正比。我国公共图书馆使用情况与发达国家相比存在较大差距。

教育部印发的《普通高等学校图书馆规程（修订）》明确规定，"开展信息素质教育，培养用户的信息意识和获取利用文献信息的能力"是高等学校图书馆的主要任务之一。对于影响公共图书馆数字资源利用率的因素，吴蕙认为主要有以下四点：数字资源建设缺乏实用性、针对性；馆内使用模式受限制；对数字资源的宣传和对用户的培训不够；检索方法烦琐，检索效率不高。

[①] 李雪. 高职高专院校图书馆数字资源利用研究——以焦作师范高等专科学校为例 [J]. 焦作师范高等专科学校学报，2013（1）：73.

[②] 施寿林. 高职院校图书馆数字资源的建设探究 [J]. 新课程（教研版），2011（9）：118.

[③] 李超超. 我国公共图书馆信息资源公平利用问题与策略研究 [D]. 长春：东北师范大学，2014.

二、国外基于多技术融合的图书馆数字资源利用服务研究

随着信息技术的发展，早在 20 世纪 80 年代末，磁盘、磁带已经成为图书期刊的重要载体。90 年代中期以后，网络技术迅猛发展，为数字资源的诞生创造了极为有利的条件。国外大型出版机构纷纷有了数据库检索和跨平台检索。美国数字图书馆的建设是以"数字图书馆倡议"（Digital Library Initiative）为开端的。新加坡政府在 1994 年提出了"2000 年图书馆发展计划"，它将建立一个"无边界电子图书馆网络"，把新加坡的公共图书馆和大约 500 个学术、专业数据库联网。韩国则自 2000 年起就实现了信息共享，并对图书馆馆员进行了相关信息水平的评估。20 世纪初，俄罗斯即便处于经济萧条时期，也拿出了资金来支持数字图书馆的研究。

国外数字资源的种类大体上与国内一致，主要有电子期刊、数据库、电子图书等。国外出版机构开发数字资源的手段很多，总体趋势是向数字化、网络化发展，对早期的数字资源进行网络化改造。其主要采用以下四种方法：印刷型期刊与网络型期刊并存，直接在互联网上出版期刊，整合其他出版社的网络型期刊并进行二次文献数据库开发，建立综合网络期刊数据库。

在技术方面，国外高校图书馆分别采用了不同的方式加强对数字资源的利用。例如，哈佛大学图书馆对数字资源的管理和访问工具技术进行了改进，增加了格式与元数据的规定指南等，同时开展了多项研究，包括数字化项目研究、关于数字资源访问的项目研究等。弗吉尼亚大学图书馆利用机构间数据管理模型，与斯坦福大学图书馆、赫尔大学图书馆、耶鲁大学图书馆之间实现了资源的共建共享。

总体上来说，国外高校图书馆对数字资源的利用率相对较高。例如，耶鲁大学图书馆采取对外开放的做法，即任何人都可以自由进出图书馆。康奈尔大学图书馆的 MyLibrary@ Cornell 系统，用户可以利用其获得最新资源通告、新书推荐、资料更新等信息资源推送服务，并且每周会向用户推送符合个人需求的新书、期刊和其他加入图书馆目录中的媒体通告。因此，用户无须为查找最新资料而耗费时间，相关资料会被主动持续地推送到相应的用户。

第二章　图书馆数字资源整合

第一节　图书馆数字资源整合的必要性

自数字图书馆成立以来，其数字资源逐渐得以丰富。尽管其数字资源数量在飞速增长，但由于其存在着数据格式不统一、内容分布不集中、主题的关联程度较低、整体无序化等问题，使用户在获取信息资源时要通过各种网站进行重复性搜索，而在此过程中会产生很多的重复内容，使其获取资源的过程变得更加烦琐，从而大大降低了获取数字资源的效率。从某种角度上来看，这种没有秩序的资源增长方式，不但没为用户提供便利，而且还为其增添了更大的负担，倘若对这种资源增长形式继续放任不管，一定会导致用户因找不到好的办法而处于困境之中，还会使数字图书馆所提供的服务水平大大降低。所以，信息资源管理领域将数字资源的整合作为重要的研究课题。图书馆数字资源整合的必要性体现在以下几个方面。

1.用户要求检索过程更加简单化。从技术层面上来讲，描述并组织数字资源的过程中存在着不同的原则、标准以及协议等，使得数字资源出现了Z39.50 Server、HTTP Server 等不同的结构。这一点在应用层主要表现如下：用户需要登录不一样的检索页面，进行不一样的身份认证。在检索页面方面，用户想要各个数据库汇集在一处，即拥有同一个搜索界面。虽然各个数据库所具备的界面存在着很大的区别，但此设想并非无法完成，具体可通过建立资源整合门户的方式实现，使用户能够在同一时间对多个数据库进行检索，而检索后得到的资源会通过相同的格式反馈给用户。用户应该充分结合自己的喜好进行检索，而资源整合门户会把用户的检索请求发送至后台，并对检索结果进行接收，经历分析环节之后利用相同的格式向用户进行反馈，从而实现统一检索这一过程。

随着数字资源的高速发展且逐渐成为主流，用户所面对的数字负担愈发沉重，他们借助异构数据库获取的知识关联信息无法满足其内在需求。因此，数字资源的超载以及信息孤岛的产生是在提取数字资源的过程中所面临的两大难题。其中，数字资源超载指的是持续增长的数字资源远远超过了人类所能利用、接受的范围，从而造成了搜索不到想要的信息以及信息利用率低的情况，内容重复交叉以及冗余信息量庞大是其最显著的特点，这些都是影响用户获取、选择信息的关键因素。信息孤岛指的是一种因为信息系统的异构性、多样性为提取数字信息资源带来了很大的困难，而无法实现共享的信息环境状态，局部有序但整体无序是其最显著的特点。笔者对此展开了深入思考，力求找到能够改变这两种现状的行之有效的策略，使数字资源的利用率得到提升。因此，当数字资源发展到一定规模与阶段时，就必须进行数字资源整合。

2. 图书馆中包含的数字信息资源飞速增长。从前，纸张是信息的主要载体，它和激光、磁带等辅助载体共同构建了具有稳定性的系统。但这种系统在数字化、网络化的背景下产生以后，受到了极大的挑战。数字资源所具备的数量庞大且增速快的特点体现在了各个方面，这也使其慢慢变成了主要的信息资源。与此同时，它也在很大程度上改变了人们搜集各类信息的形式。它主要包含自建数据库、二次文献检索数据库、中外文电子期刊全文数据库以及图书馆馆藏书目数据库等内容，而这些数据库普遍出现了以下问题：

第一，各类知识之间的关联度非常低，系统中现存的数据大部分处于彼此孤立的状态，并不能将学科知识系统的内部关联展现出来。

第二，重复且多余的信息量较大，这一点主要是数据库想要更加全面地收集资源而没有兼顾资源质量导致的，它也为用户搜索信息形成了巨大阻碍。

第三，资源内容普遍出现交叉重复，如收录于 CNKI 里的文章、期刊同样收录在维普中，特别是那些较为核心的期刊内容。

针对这些现象，唯有对其进行有效且合理的整合，才可以使这些数字资源的使用效率得到提升、自身价值得到充分发挥，进一步提升用户的检索效率，最终形成更加系统化且智能化的数字资源系统。

3. 数字图书馆要让用户拥有更加个性化的服务体验。数字资源整合始终是围绕着用户需求展开的，它是一项具备显著针对性、目的性的数字资源管理活动。用户既可以充分享受数字资源的各项功能，也能在此基础上持续向其提出更高层次上的需要。其主要表现如下：用户需要获得范围更广、资源量更大的资源以供检索，但其并不想在检索资源的过程中反复登录或切换不同的资源库，他们希望这个过程能够更加便捷，即在获取资源时能够拥有一个统一的入口，并可以在众多数字资源中得到与所需内容关联性较大的资源。正是因为这一点，对数字资源的整合进行深入研究，找到行之有效的资源整合方式是非常有必要的。

个性化服务作为数字图书馆服务的重要发展方向，指的是充分结合用户的知识、心理、环境以及个体需要等方面的特点而对其提供的一种信息服务，换句话说，就是借助能够满足用户兴趣、身体各方面需求的信息形式为他们提供具有针对性的服务。为了更好地提供这种服务，必须将用户的需求作为建设信息资源过程中的立足点，在整合现存资源的同时，重组并融合资源系统所包含的功能结构、数据对象及其彼此间的关系，使各种资源之间进行更好地衔接，最终为用户打造出一个具备一体化集成信息系统，便捷、高效且统一的服务平台。

在数字图书馆信息资源的不断完善与扩充下，电子图书、电子期刊以及光盘数据资源等成为网络数据库的主要内容，虽然它们为用户提供了更多资源种类，但是也在一定层面上为其带来了负担。由于每种资源都具有不同的发布和检索系统，所以使得资源与资源之间的关联性不强，且出现了很多重复、多余的信息，导致资源利用率较低。不同的数据库之间以及处于同一个数据库的信息之间缺乏应有的关联性，不能使信息资源间的规律性知识完全展现出来，更无法对用户的需求进行充分反馈。

图书馆的主要任务便是对信息资源进行整理、传播、收集以及保存，所以它需要在充分结合所收录资源的特征以及本校的学科体系的基础上，进行持续探索，找到更加高效的资源整合方法。除此之外，图书馆还面临着许多非常现实的问题。例如，虽然可以采用适当的技术使各个数据库间在一定程度上产生关联，但是却要面对知识产权等法律方面以及商业利益等体制方面的问题，这些都是图书馆资源的利用与整合过程中遇到的难题，也是其无法为用户提供更优质服务的主要原因。

结合以上内容可以得知，各大高校图书馆如今的主要任务便是积极探索解决现有问题的最优方案，在整合、完善信息资源的同时，不断提升自身的服务水平。这样一来，便能够使图书馆在统计下载量、使用量、访问量等时更加方便；设计统一的浏览网页或用户检索网页页面，促进资源利用率以及检索效率的有效提升；使知识体系更加完整；为用户提供丰富、可靠的信息资源以及更高质量的信息服务；让不同资源库内的文献资源间的交流屏障被打破；通过各类知识传播活动来使科研水平以及知识获取效率得到全面提升，从而形成一体化的服务。

第二节 图书馆数字资源整合的原则、标准与内容

一、数字资源整合的原则

（一）实用性原则

整合数字资源就是为了让用户在获取信息资源方面的需求得到进一步的满足，使其操作起来更加便捷，这就要求图书馆将实现用户需求作为一切工作的出发点和落脚点，借助图书情报知识、网络技术以及计算机技术等多种方式来整合数字资源。如此一来，用户便可以在拥有统一的检索入口的基础上，更快速且便捷地获取所需资源，而不用反复切换于各个数据库之间了。数字资源的整合不仅要使目前用户对数据库的需求得到满足，而且还应对未来发展的需要进行兼顾。此外，整合资源的具体过程还要与用户的需求程度以及数据资源库的实际情况相结合。

（二）针对性原则

在整合资源的过程中，应该以整合目标为导向，信息资源整合的方式、手段的选择要更具针对性。与此同时，充分结合用户所需来对信息资源进行组织、整合也是针对性原则的重要体现。这一原则的实施不仅能够让整合以后的信息资源与总目标相符，而且还能够让用户需求得到更好地满足。

（三）统一性原则

这种原则体现为采用统一的运行规则、要求、计划来对数字资源整合进行指导。只需要输入一次所需内容，便能够获取多个数据库反馈回来的资源信息，实现跨库搜索。此外，用户也可以指定检索入口。当检索过程结束后，结果便会在刚刚指定的数据库中反馈出来（或得到内容为空的检索结果）。USMARC（美国机读目录通信格式）或CNMARC（中国机读目录通信格式）完全克服了图书标准化收录的问题，且具有统一的类表与词表，但其在整合数字资源的过程中离不开计算机技术，只有将两者进行充分融合，才能使资源具备统一性的分类标准以及描述格式。

（四）层次性原则

为用户提供更加完善的信息服务是打造数字资源整合系统的根本目的。其层次性主要体现在三个方面：第一，检索操作方面的层次性，也就是为用户开辟专家检索、复合检索、基础检索等不同层次的检索途径；第二，数字资源整合方面的层次性，促使用户各个方面的查询需要得到满足；第三，整合数据方面的层次性，每位用户都有着各自的资源需要，所以要将各个层次中的知识资源进行整合。

（五）动态性原则

系统在完成资源整合以后，能够充分结合用户所需以及数据动态的改变进行随机变化。此系统不仅可以对动态数据进行及时调整，而且可以在结合系统资源的实际情况的基础上为用户提供具备动态性的推荐服务。

（六）特色性原则

充分发挥高校图书馆的优势，建立并整合出独具特色的数字资源，有助于大幅度提升数字资源的利用率，而在此过程中必须遵循统一标准，并对自身的特色资源展开深度整合与挖掘。此外，在建设数字资源时应该坚持完整性、系统性以及针对性原则，使各类特色的学科资源得到全方位、多角度的整合。

（七）联合性原则

现有的数据库均处在一种孤立且分散的状态之中，那些捆绑在一起的数据库，也只是表面被罗列在相同页面中，没有内在联系，但知识在本质上属于一个彼此关联的整体，数字图书馆要想将这一点体现出来，就必须将众多毫无联系的资源库以某种方式进行有效联结，打造出具备全面性、系统性的资源体系。除此之外，也可通过各大高校图书馆间的联系，实现更大范围内的资源共享。完成整合的数字资源系统应该拥有在原本各系统功能基础上更优化的功能。

二、数字资源整合的标准

数字资源整合不等于"库链接"以及"库集合"，它应该满足以下标准：

1. 能够将图书馆的全部可利用的数字资源充分展现给用户，而非只展示其之前使用较多的那一小部分。

2. 能够让用户体验到个性化的学术研究环境定制服务。此外，具有用户随时进行再次检索以及让用户及时掌握各大研究领域的最新进展等功能。

3. 应该为用户提供经济适用且便捷的下载方式，并对全部的信息资源进行进一步的维护与管理。

4. 应该具备统一的资源检索入口，并为用户提供更多的扩展信息。

5. 应该通过某种方式对各个链接进行集成。数字图书馆在系统与数据供应商所提供的各种服务工具、平台进行充分融合后，将被打造成拥有学术研究功能的综合环境以及数字化学术资源汇集地，这也在一定程度上推动了图书馆由资料中心转型为知识服务中心的进程。

6. 能够有效整合不同层次的服务。例如，要为其挑选对应版本的资源，确定在各个时间段为其提供的具体服务以及用户的授权和认证等。

总的来说，数字资源整合的最优状态应为能够使不同的数字资源间实现自然的衔接，用户通过最便捷的方式就能够在各个数据库中得到自己想要的信息，且察觉不出这些信息源自不同的数据库。

三、图书馆数字资源整合的内容

数字资源整合在知识组织理论体系中不能被单纯地看作"库链接"以及"库集合"，而应将其理解为在打破原有资源体系的基础上，经历全面重组以及去重、归并等流程后产生的全新的有机整体。根据具体过程和对象，可划分为四种整合数字资源的形式，具体内容如下。

（一）基于链接系统的数字资源整合

这种整合方式是将网络超文本链接特点进行充分发挥，实现所有关于文献的知识点、资源之间的有效链接，从而产生一个在内部联结的有机整体，使用户在利用数字资源的过程中更具便捷性。如今的链接整合大部分采用三个方式来完成，即开放式的静态与动态链接系统以及封闭式静态链接系统，最有效的则是开放式动态链接系统。在开放式动态链接系统中，用户通过指定的规则来计算链接路径并完成链接。它不仅能够链接前一个链接位置或对象，而且还能够通过一定的技术完成选择性的链接，如 DOI、Cross Ref、SFX、Open URL 等。其中，最具先进性的还要属 SFX 系统，原因在于它能给用户提供两种服务，分别是与图书馆 OPAC 有关书目资源进行链接以及与电子版全文进行链接。此外，它还能为远程用户提供文献传递服务。SFX 系统在资源整合过程中发挥着巨大作用，例如，它可以将各种复杂信息、数据间的关联转化为简单链接，实现全部资源的大融合。另外，它也可以整合与图书馆内的部分资源有关的延伸服务，如文献传递、馆际互借以及馆藏查询等。

（二）基于跨库检索系统的数字资源整合

所有的数据库都具有各自的检索字段、检索算符、检索式构造标准、检索方法和界面等，这使得用户在检索资源时需要克服非常大的阻碍。倘若可以为用户提供一个统一的检索平台，便能够进一步提升用户获取资源的效率。跨库整合检索主要包含以下两个层次：第一层是完成数字资源系统之间的分布式异构整合检索。由于数字资源环境属于由众多分布、自主以及异构的资源系统所构成的开放环境，所以大多数的数字资源系统都是异构的。从技术角度层面来讲，这种"异构"集中体现在操作系统、通信协议、计算机平台、系统控制方式、数据结构以及数据模型等方面。第二层是检索页面方面的整合。这方面的整合是以众多数字资源的检索页面具备一定的相似程度为基础的，倘若其具备了相似的显示格式检索途径，只有显示字符不完全一致，便可把这些相似性制作成一个统一的参数表，以此来形成统一的检索界面，实现各种检索与索引技术的共享。

这里主要围绕检索界面整合来进行讨论。它指的是在用户的信息反馈、查询界面得以统一的情况下，实现许多网络资源的检索与索引技术的共享，进而为用户提供更好的信息服务。完成整合之后的检索界面可以把用户的查询需求变为与之相符的数字资源系统的查询语言与检索方式，再对那些检索到的结果进行整合与排序。构建中间层是这种整合中最常用的模式，其具体过程如下：用户所提交的检索请求会传入服务器端的 Agent 程序中，此程序会将请求进一步变成与相应数据库适配的检索格式，各数据库会接受请求并反馈给用户所需的结果，再由 Agent 把结果变成统一格式，最后传送至浏览器端反馈给用户。

（三）基于 OPAC 系统的数字资源整合

OPAC 就是联机公共检索目录，它不仅是用户利用、获取图书馆书刊资源的重要方式，而且还是一种借助网络来检索馆藏资源的工具。对 OPAC 资源系统的整合既是图书馆数字资源最基础的整合方法，又是建立在传统书目管理基础上的一种模式。在整合资源与服务时将 OPAC 系统作为基本平台是一种较为常见的方式，这种方式的主要优势在于能够让用户打破书目服务以及馆内资源的束缚，轻而易举地获取数字化或馆外的相关资源，而不用再熟悉操作与系统，从而耽误更多的精力和时间。同时，能够使馆内信息资源的使用率得到大幅度的提升。以整合对象为依据，可以把以 OPAC 系统为基础的信息资源整合分成两部分，即馆内整合和馆外整合。其中，馆内整合指的是整合数字资源和 OPAC 书目信息，主要是将那些被收录的数字资源的存取方式与地址记录下来。馆外整合则是整合各种异构 OPAC 以及本馆数据库，而在常用方法中，Z39.50 协议是使用率最高的，以 Z39.50 为标准，把那些需要整合的馆内书目数据库先转化为与自身相符的模型，再结合本馆标准打造统一的检索接口。

此外，也可将馆内 OPAC 系统资源整合进行再次划分，细化为相关资源整合以及核心资源整合。前者指的是书刊与其来源信息以及评论信息相对应的链接；后者指的是 OPAC 书目信息与其视听资料、电子全文期刊以及电子全文图书相对应的链接。用户通过检索获取书目信息之后，便能够马上开始书刊全文的阅读，而且还可以查看有关资料，如视频、音频、文字等。该形式对"虚拟资源"和"实体资源"进行了充分结合，产生了以 OPAC 为基础的一体化检索，让保存在数据库里的那些处于离散状态下的电子期刊被收录到书目数据库中，使其更好地体现于 OPAC 中，并与那些馆藏印刷类型的文献共享检索平台，如此一来，既能使资源的使用率得到提升，又能为用户的使用带来便捷。

总之，以 OPAC 资源为基础的整合是图书馆资源整合方式中最基础的整合，该方法已经在我国得到了广泛推广并取得一定的进展。

（四）基于导航系统的数字资源整合

该系统指的是整合所有的数字资源检索入口，使之形成一个巨大的数字资源导航库，为用户提供多种提取资源的方法，如资源标识、关键词、资源名等。其主要功能在于使用户掌握更多全面、丰富且可供检索与浏览的数字资源，以及检索入口。一般来看，数字资源可被划分为会议文集、电子报纸、电子图书资源、数据库资源、数字期刊资源等，可以为这些资源建立各自的数字导航系统。图书馆现用的导航系统主要有两种，即数据库导航系统以及数字期刊导航系统。倘若要实现数字资源导航系统的预期功能，就要明确其所揭示的内容，内容的详细度对数字资源导航系统的功能起着决定性的作用。各类数字资源具有不同的揭示内容，如数字期刊导航系统需要揭示出版商的 URL、该刊的 URL、ISSN、出版商、语种分类、学科分类、关键词、刊名等内容。此外，数字资源导航系统通常都具有关键词检索、分类浏览以及字符浏览的功能。这些功能能够使用户更快获取到其所需的数字资源，并借助超文本链接完成数字资源检索。

现阶段，我国大多数图书馆已经建立并运行了基于 OPAC 的整合系统以及数字资源导航系统。跨库检索整合系统与数字资源开放链接系统的建设将成为未来数字资源整合发展的主要方向。

第三节　图书馆数据整合的模式

一、图书馆数字资源整合的基本模式

（一）基于 OPAC 的数字资源整合

OPAC（Online Public Access Catalog），即联机公共目录检索系统，将 MARC 记录纳入本馆的 OPAC，使 OPAC 真正成为揭示全部馆藏的目录检索系统。根据整合对象的不同，将基于 OPAC 的资源整合分为馆内整合与馆外整合两种。馆内整合是通过在 MARC 记录里增加 856 字段——"电子资源地址与存取"字段，实现在实体馆藏中揭示并链接全文电子文献。馆外整合的实质是实现本馆与不同异构 OPAC 的整合，当前，大多数通过采用 Z39.50 协议来完成。通过执行 Z39.50 协议，将所要整合的图书馆书目数据库先映像成自己专用的模型，再根据本馆要求建立统一的检索接口。因此，基于 OPAC 的数字资源整合可实现：第一，馆际馆藏书目数据资源的整合；第二，馆藏图书与随书光盘资源的整合；第三，馆藏图书与电子图书的整合；第四，馆藏期刊与电子期刊的整合；第五，与其他数据库的整合。

基于 OPAC 的数字资源整合，充分利用了 OPAC 高访问率的优势，提高了数字资源的利用率，在某种程度上起到了非常积极的作用。但它是一种不完全的整合方式，有着先天性的不足。

目前，很多电子资源尚不能稳定彻底地支持开放链接（OpenURL）标准，链接地址稳定性差，信息源数据的更新或任何一点地址变动都可能产生死链，导致整合工作不能得到持续有效的保障。

整合依赖于图书馆 OPAC 功能的完善程度，如有支持 856 字段的能力，

有修改书目记录显示字段的功能等，这些功能的实现往往需要系统开发商的配合。

直接利用 MARC 格式组织电子资源时，显得费时费力，不仅数据的加工成本较高，而且很难实现批量更新和维护。

基于 OPAC 的数字资源整合实际上是一种目录级的整合，只是对信息源进行加工，并没有涉及数字资源的内容、结构，因而并没有真正地解决数字资源异构、交叉带来的使用问题。

（二）基于导航系统的数字资源整合

数字资源导航系统是指将数字资源的检索入口整合在一起，建立数字资源导航库，提供按资源名、关键词、资源标识等获取数字资源的途径。它通常按资源类型、学科主题等把数字资源整合起来，通过数字资源的 URL，并利用超文本链接提供检索入口。按资源类型不同，可以分别建立电子期刊导航系统、数据库导航系统、电子图书导航系统、电子报纸导航系统、学科专题导航系统等，数字资源导航系统一般有三种功能：字顺浏览功能、分类浏览功能、关键词检索功能。这三种功能可以帮助用户迅速地找到数字资源，并利用超文本链接提供检索入口，对该数字资源进行检索。

数字资源导航系统只定位在数字资源的形式层，不能提供内容层的服务，用户仍需要通过导航系统分别访问每个数字资源系统的检索界面。读者不能按主题、作者查询文献，而且由于数据机构、出版机构大多没有提供充分的 URL 信息，数据库不能创立 URL，所以数字资源导航系统只能引导读者进入所在数据库的界面，读者必须对信息系统进行检索。

（三）基于链接系统的数字资源整合

利用网络超文本链接的特性，将文献的有关知识点链接起来，最终将有关的数字资源链接在一起，形成一个具有内在联系的有机整体。链接整合主要有三种方式：一是封闭式静态链接系统，所有链接都存在本地数据，所有链接都通过专门程序事先计算，并通过嵌入 URL 来表达静态链接，链接的准确性高；二是开放式静态链接系统，为链接源中包含的别人拥有的链接对象提供链接；三是开放式动态链接系统，在用户需要链接时，根据一定规则计算链接路径并进行链接，可对用户链接前出现的链接对象或位置予以链接，也可在链接计算规则中嵌入选择规则，实现选择性链接。如 OpenURL，SFX，CrossRef/DOI 等。

目前，使用最多的是开放式动态链接系统 SFX，它是一种新型网络电子资源无缝链接整合软件系统，也可以称为上下文敏感参考文献链接解决方案。SFX 遵循 OpenURL 协议，通过 HTTP 请求和元数据传递，对数据进行分析、搜寻，链接到目标信息源，并根据目标信息源的可获取情况，动态地创建链接到全文、摘要、期刊目录等不同级别，从而使用户在统一界面检索，直接获取目标信息源，真正实现了信息数据库之间的无缝链接。它还能使用户在数据库中点击一篇文章的记录后，系统显示所有能得到的与这篇文章相关的服务选项列表，实现了在知识整体层面对信息资源进行管理的整合。然而，在实际应用中，依然存在着一些问题：它基于一定的 OpenURL 协议，对发展比较规范的国外数据库来说比较适用，但对早期遗留数据库和构建技术不同、标准不统一的国内数据库来说存在一定的难度。各个数据库根据 OpenURL 协议制定的接口有很大差异，若要根据自己的需求自行开发依然很困难。此外，SFX 对检索数据需要在二次检索的扩展服务中完成"一步到位式"参考链接。

（四）基于跨库检索系统的数字资源整合

某个学科的文献资料可能包含在多个数据库中，读者要完成某个课题的检索，往往要通过多个数据库进行多次检索，才能将与该课题有关的文献找全。而每个数据资源又都有其自身独特的检索界面、查询方法、下载格式、检索式、检索字段等，这就给用户的信息资源检索造成了很大的困难。如果能在同一个检索平台下，实现多个数据库同时检索，将大大提高用户对信息资源获取的效率。

跨库整合检索可分为两个层次：第一个层次是检索界面的整合。许多数字资源检索界面存在一定的相似性，可将这些相似性形成统一的参数表，构成统一的检索界面，共享多个数据库的索引技术和检索技术。第二个层次是实现数字资源系统间的分布式异构整合检索。检索界面整合的常见模式是构建中间层，当用户提出检索请求后，其请求被交给服务器端的一个 Agent 程序，Agent 将用户请求转换成相应信息系统的查询语言和检索方法，再将请求发送到各个数据库，然后将各个系统返回的检索结果经过筛选、去重、归并等处理后，在同一个界面上呈现给用户。在不改变现有信息系统的数据组织结构和检索方法的条件下，实现对异构的多数据源的统一访问，即提供"一站式"检索服务。

实现分布异构环境下的跨库检索，情况比较复杂。一方面，对所有资源实现跨库检索只是一种理想状态，实际上只能做到兼容尽可能多的资源。另一方面，对几十种资源笼统地实现跨库检索并无实用价值，用户的需求是针对学科范畴、针对文献类型或针对个性化需求定制而进行的资源检索和导航。人们逐渐认识到，跨库检索实际上是作为一种关键技术应用在图书馆的"资源门户"中，与开放链接、聚类导航、个性化空间与信息定制、用户认证、权限控制等功能一起构成一个实用的数字资源整合系统。

二、数字资源整合模型构建探究

（一）数字资源整合建模思路

数字资源整合模式以用户为服务对象，并在整体及更深层面上来挖掘具有利用价值的服务与资源。近年来，图书馆在引进电子资源方面投入了大笔资金，在一定程度上改变了馆内的资源结构，所以图书馆应该将这些资源展现在用户眼前，使其进一步地使用和了解，同时让这些资源的价值得到充分发挥。此外，图书馆所提供的服务也应该在这一变化过程中进行优化，而让用户对这些新型服务完全接受并了解也是图书馆应该达成的重要目标。

构建该模式的主要原因在于给用户营造出以远程利用、网络资源为基础的氛围。为了让用户在检索资源时能够更具便捷性且更加深入，图书馆应该以尊重知识产权为基础，使馆内工作人员对资源进行优化。凭借整合馆内资源，让用户领悟到一点，即馆内收录的各类资源属于一个完整的集合体，而非彼此孤立的信息孤岛。

（二）数字资源整合模型框架

在数字资源整合过程中，不仅包括会议论文、标准规范、学位论文、专利发明、多媒体资源、可被整合的网络免费资源、国外购置的电子资源、传统印刷型资源等各类的数据资源的整合，而且还包括服务与系统方面的整合。在整合过程中，既要考虑恰当版本、用户权限管理方面的问题，又要考虑统一检索界面、重复信息方面的问题。此系统将为用户提供服务作为最重要的整合目标，所以整合后的体系能够让用户享受更加智能化、个性化以及知识化的服务。

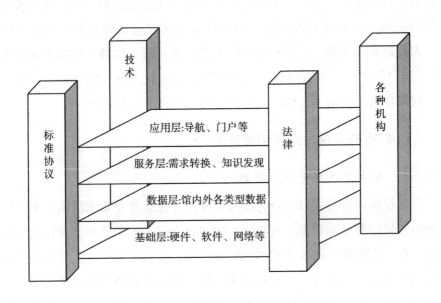

图 2-1　数字资源整合模型框架图

通过图 2-1 能够发现，数字资源的整合并非数据源的简单集合，而是一项需要法律、技术等手段做支撑的非常复杂的工程。数字资源整合包含四个层面，分别是基础层、数据层、服务层以及应用层。接下来将对每个层次进行简单介绍。基础层在整合资源的过程中发挥着基础作用，它主要负责提供网络、硬件、软件等基础性设备；数据层是资源整合中的主要内容以及对象层，它包含了馆内外的各类数据；服务层也是资源整合的中间层，它负责把用户请求变成各个数据库能够识别的传递方式，再把获取的结果以用户所需形式进行反馈；应用层作为资源整合中的目标层，它主要负责建设导航系统或是检索入口，以此来为用户提供最终服务。在数据资源整合过程中，要想实现任何一层的功能，都需要借助下面一层的支撑，无法跨层提供服务。因为数据的来源不同，如果对其进行整合，就要涉及非常多的机构。除此之外，数据来源的差异也使得数据结构出现了较强的个性化，这就意味着在整合资源时必须依靠统一、规范的标准。所以，法律的有效保障、各机构间的协调、技术的开发、统一的标准协议就变成了数字资源整合中的四个重要支柱。

第四节　图书馆数字资源与服务整合的机制

数字资源与服务整合的机制是指数据整合系统内各子系统、各要素之间相互制约、相互作用、相互联系的形式及运行原理，它是数据整合的关键，也是数据整合研究的重点。不同的数据整合机制导致了数字资源与服务整合系统在结构、模块组成和采用技术等方面的差异，也影响了数字资源与服务整合系统的运行效率。因此，数字资源的整合机制是数据整合的核心问题。数字资源与服务整合是一个有机的整体，在这个整体中，除了运用数据整合技术，还需要运用系统原理构建数字资源利用的服务体系。根据数据信息资源整合平台的构建结构，我们认为，数字资源与服务整合的机制主要有数据仓库整合机制、中间件整合机制、工作流管理整合机制三种。

一、数据仓库整合机制

数据仓库是一种物理整合方式，是在众多拥有独立逻辑且在内容上具备关联性的数据源里获取针对主题数据集合的整合机制。它在把来自各个资源库的资源通过指定形式进行建模后，保存在相同的物理空间内，为用户打造出了全新且统一的目标数据模式，让其在获取资源时可以享受一体化的信息服务，从而实现整合的目的。① 因此，数据仓库整合数字资源时具备数据内

---

① 肖希明，李卓卓，张燕飞．数字信息资源建设与服务研究 [M]．武汉：武汉大学出版社，2008：56．

容的系统性、数据格式的统一性、数据存储的集成性、数据组织的主题性等显著特征。

（一）数据仓库的主要作用

1.数据仓库是数据挖掘技术的关键基础

数据挖掘技术要在已有数据中识别数据的模式，使用户进一步掌握已获取的信息，并预判其以后的发展情况。

2.数据仓库支持数据的多维分析

多维分析指的是借助从多个层面上来定义实体所具备的多种属性这一方式，提升用户汇总数据的便捷性。它不仅在一定程度上使处理、分析数据的逻辑变得更加简单，而且还可以对比处于各种维度值（对信息的不同理解程度）中的数据。多维分析的应用，能够促进比信息检索更为深入且复杂的知识与数据挖掘服务的进一步实施。

3.提供标准的报表和图表功能

数据仓库对多个数据库系统进行统一管理之后，使不同数据库的系统功能得到了整合，用户访问资源的速度变得更快、过程变得更加简单，因此，数据仓库可以组织、集成各类资源内容，并生成整体性的图表与报表。

（二）数据仓库整合机制的结构

在数字资源整合过程中，通过充分利用数据仓库整合机制便能够产生相对完整的结构体系，主要包含数据仓库应用层、管理层、构建层、元数据抽取和创建层、异构数据源层。数据仓库应用层主要负责提供查询工具以及呈现数据仓库检索页面，为数据仓库的应用服务发挥基础性作用；管理层负责支持、管理数据库，具体体现为对元数据与仓库数据的管理；构建层负责转换、过滤异构数据库中的数据，再将这些数据转载至元数据库中，形成一个新的数据库；元数据抽取和创建层负责数据的净化、转换、提取等初步处理过程；异构数据源层主要负责结构化业务数据、非结构化业务数据和元数据的获取、建库与更新。

数据仓库可通过更新并监控数字信息、发现与分析数据、提取数据、数字资源的存储与管理等技术来完成数字资源的整合。在这个过程中，应该对数字资源的合法性进行充分考虑。数据仓库整合机制的结构体系如图 2-2 所示。

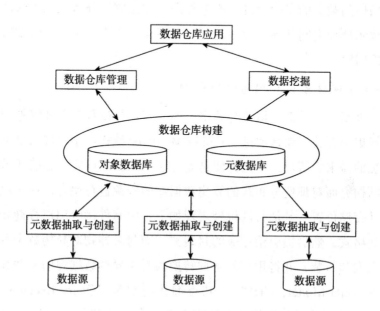

图 2-2　数据仓库整合机制的结构

（三）数据整合的发展趋势

随着数据仓库整合机制应用范围的扩展，数据整合呈现出以下发展趋势。

第一，仓库整合数据源的形式在互操作协议发布与广泛应用后，由被动提取数据转变为主动获取数据。

第二，其服务的内容更加深入，主要体现为在将联机分析处理技术、数据挖掘技术进行充分利用的基础上，提供更高水准的决策型服务。

第三，提取数字资源的范围得到了拓展，这一点主要表现在数据仓库集成对象从传统的异构数据库转向了 Web 数据集成。

二、中间件整合机制

所谓中间件，是指一种位于客户机服务器的操作系统上，管理数字资源和网络通信的独立的系统软件或服务程序。它能够使分布式应用软件系统在不同的技术环境之间共享资源。因此，在整合系统中，中间件通常被运用于系统的应用层。

（一）中间件整合机制的运行机制

这个机制主要负责虚拟整合数字资源，其运行过程并非纯粹地把多个数据源进行集中存放，而是通过 Wrapper/Mediator 结构的中间件满足上层集成应用系统的需求。所以，中间件便是此方法中的核心内容。它能凭借中间件在逻辑结构方面对那些分布式的异构数据库的资源进行整合，而在此过程中不改变其存储位置。其运行的机理表现如下：中间件接收用户查询并将之转换成中间格式，然后提交给相应的封装器，而封装器则对异构数字资源进行链接、查询和封装，并将用户的查询转换为基于异构数据源的公共数据模型（Common Data Model，CDM），其查询执行引擎（Query Execute Engine）再通过各数据源的封装器将结果抽取出来，实现对多个分布式资源的检索，并对从封装器或其他中间件中获取的查询结果信息进行整合处理，最后由中间件将结果集成并反馈给用户。可见，中间件整合机制实现的是对分布式的异构数字资源的整合，即数据整合系统并不存储数字资源，而是通过中间件对数字资源进行封装处理之后，提供给用户使用。所以它具有有效支持数字资源的分布式组织、保持各个异构数据源的自治性、提高数据整合平台组件的实用性、降低数据整合系统开发的成本等功能。中间件整合机制的最大特点是保持数字资源分布式组织模式的相对稳定，通过在数字资源与用户之间构造一个中间件，实现对分布式资源的封装，从而为用户提供一个统一的检索界面。同时，中间件整合机制解决了数据整合中的数据更新问题，弥补了数据仓库整合机制中数据更新的不足。

目前，中间件整合机制发展很快，人们运用本体技术与语义相关的整合技术构建分布式数据整合平台，以期能够有效地根据用户信息需求解决知识整合、个性化服务等问题，因而，该整合机制是目前实现数据整合的主流方式。

中间件整合机制的结构如图2-3所示。

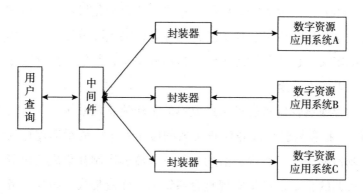

图2-3　中间件整合机制的结构

可以看出，运用中间件整合数字资源的实质是通过对分布式数字资源进行虚拟、逻辑的整合，为用户构建了一个广泛利用数字资源的跨库检索系统，从而形成数字资源利用的环境。它为用户提供了一个对分布式数字资源利用的统一检索平台，使用户可以检索和查找多个网络数据库的数字资源，在对各数据库检索结果进行汇总和去重的基础上，构建统一的数字资源利用通道。

（二）实现中间件整合机制的信息技术

实现中间件整合机制的信息技术有以下几种。

第一，信息源选择技术。通过对信息源进行描述和选择确定相关度高的数字资源。

第二，信息抽取技术。将参与整合的半结构化、非结构化信息源中的数字资源转化成结构性强的数字资源，以提高数字资源查询的速度和效率。

第三，信息查询转换技术。对用户查询进行语法的分析、检验和优化，并将其转换成中间格式，进行不同信息源的多个查询。

第四，查询结果整合技术。在信息查询的基础上，整合系统对来自不同信息源的查询结果进行整合，以统一的形式提供给用户查阅和利用。

三、工作流管理整合机制

所谓工作流，是指业务流程的计算机化或自动化形式，是通过计算机模型形成的一系列相互衔接、自动进行的业务活动或任务环境。工作流管理系统是一种能定义、创建和管理工作流执行的系统，其核心部件就是工作流管理控制器（工作流引擎）。

工作流管理整合机制是指选择成熟的工作流管理系统（工作流引擎和流程控制器），把需要进行业务流程集成的应用系统中的活动进行封装，并通过流程控制器的编排，实现灵活的服务业务流程定制和集成的机制。工作流管理整合机制的主要作用是实现整合系统的工作流集成，减少业务流程自动化逻辑与应用的关联性。

（一）工作流管理整合机制的功能

1.工作流定义功能

此功能主要是通过计算机来定义处理业务的过程，并为该过程提供一种或多种系统定义、建模以及分析技术，使真实的业务处理过程转换成计算机可处理的定义。

2.运行控制功能

对过程的定义进行解释，创建并控制过程的运行、调度过程的各种行为步骤，并合理地调动应用程序及人工资源。其中，工作流管理控制软件（工作流引擎）是工作流管理系统中最关键的部件。

3.运行交互接口

这个接口能为应用程序或人员之间的交互提供工具，使其更好地完成活动间的传递、控制以及处理各种活动步骤。工作流管理整合机制的结构如图2-4所示。

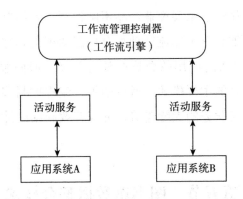

图 2-4　工作流管理整合机制的结构

（二）工作流管理整合机制的整合对象及未来发展运用

运用工作流管理整合机制整合的对象繁多，既可以对在实际工作过程中重复出现、有着固定步骤的结构化流程进行整合，也可以针对非结构化的业务工作流程建模，进行动态性整合；同时，工作流管理整合机制还可以将电子文档、图像等数据进行控制和优化组织，形成有效的文档管理与图像管理系统，并将系统的工作流程描述成一系列执行环节，对数据对象进行控制、封装和优化。

工作流管理整合机制在图书馆数字资源与服务整合中往往被称为业务流程整合机制，一方面体现为对数字资源组织流程的整合，形成面向资源的数字信息整合流程；另一方面体现为数字信息服务的业务流程的优化和整合，形成面向用户信息需求的服务架构。它可以通过灵活的系统集成架构改善数字资源服务的灵活性，提供高质量的业务流程、缩短业务周期并降低数字信息服务的处理成本。同时，它还能够满足具有稳定工作流程的业务在线组装，并形成多个分布式服务间的流程控制和数据传递。

工作流管理整合机制为不同对象和环境条件下的数字资源组织与服务提供了良好的组织机制和协作工作流程的途径和方法。随着数字资源与服务系统的不断增多，信息用户对跨区域、跨部门之间信息交互操作的需要越来越明显，而且跨区域、跨部门之间业务流程协同配合越来越广泛，运用工作流管理整合机制的范围不断扩大，工作流技术已被越来越多的人认可，与之相关的标准规范、工作流引擎及商业产品不胜枚举。人们在开发推广工作流管理软件的同时，更加注重工作流管理整合机制的理论研究，以推动该项技术走向成熟。目前，"面向应用的数据层整合"和"面向服务的接口层整合"已成为当前数据整合的主要模式，通过中央主流程控制多个子流程的协同运行，实现数字资源与服务的无缝连接，形成有效利用的优化环境是数字资源与服务整合的重点。

第五节　图书馆数据整合技术

一、元数据技术

（一）元数据产生的背景

出于对管理电子资源的需要，元数据才作为一个统一的概念被提出来。因特网的快速发展，使人们不能够在短时间内找到所需要的信息，人们开始对图书馆管理图书的方式进行研究，试图模仿其进行网页的管理。但是到目前为止，这方面的成效仍然不太大，甚至可以说没有成功。元数据的出现，使人们看到了解决这个问题的希望。据说，元数据将成为下一代万维网（也可称为语义万维网）的基石。

元数据可以提供数字图书馆的语义基础。数字图书馆的基本逻辑构成是资源，是任何可以被标识的东西，既可以是物理的实体，也可以是数字对象、虚拟的复合对象或对象集合。元数据可以描述资源的各种属性，可以看作"资源"的替代品。数字图书馆通过对元数据的管理进行资源的管理。元数据通过对数字图书馆的资源信息结构、数字对象资源库的组织结构的定义，决定了数字图书馆的利用方式和信息组织结构，还是实现跨资源库语义互操作的基础。

（二）元数据的定义

定义和描述其他数据的数据称为元数据（MetaData）。目前，对于元数据还没有统一、严格的定义，比较常用的是关于数据的数据就称为元数据。

有专家在这个定义的基础上将其深化与扩展，形成了如下几种定义。

第一，结构化的数据。

第二，关于数据的数据。

第三，用来描述数据所有者、数据的内容、数据的质量、数据的覆盖范围、数据的提供方式、数据的管理方式等信息，是数据与用户之间的桥梁。

第四，对资源进行描述的数据。

第五，编目信息。

第六，控制、管理信息。

第七，一组独立的关于资源的说明。

形态不同的信息资源可以通过元数据得到普遍、规范的检索工具和描述方法，为由不同资源构成的、分布的信息体系提供整合的工具。没有元数据的数字图书馆或许将成为一盘散沙，无法提供较为有效的信息检索和处理。

（三）元数据的类型

对于元数据的类型，存在不同的分类方法。一般分为描述性元数据、评价性元数据、结构性元数据、保存性元数据等。

第一，评价性元数据，主要被用作管理、描述数据在信息评价体系中的具体位置。

第二，存取控制型元数据，主要被用于描述那些可利用的数字化信息资源的知识产权特点与使用权限以及该资源所具备的基础条件。

第三，结构性元数据，主要被用作描述数字信息资源的自身结构。

第四，描述性元数据，主要被用作发现、鉴别、描述数字化信息对象。

此外，元数据还可被划分为管理型元数据、描述型元数据、保存型元数据、技术型元数据以及实用型元数据，元数据类型的比较如表2-1所示。

表 2-1 元数据类型间的比较

元数据类型	定　义	使用实例	使用情况说明
管理型元数据	用于管理与控制信息资源的元数据	采购信息、版权及复制记录、获取权利控制（密级）、馆藏信息、数字化的标准选择、版本控制	在传统图书馆管理系统中，借阅权限、馆藏地点等信息都是广泛意义的管理数据。此外，还包括创建者元数据，用以表明资源的拥有者，改动删除资源的用户；存取权限元数据，用来决定可以使用资源的用户以及采取何种方式使用资源
描述型元数据	用于标识与描述信息资源的元数据，一般为手工制作元数据	专门索引、目录记录、用户所做的注解、资源之间的超链接	作者、题名、制作者、出版者、出版时间等都是典型的描述性元数据
保存型元数据	与信息资源的保存管理相关的元数据	描述资源物理状态的文档、有关保存资源物理或数字化版本的文档	出处信息、信息资源产生后的监管者、加工处理历史等
技术型元数据	与系统功能相关的元数据或元数据行为模式	硬件与软件文档、数字化信息	数字资源要求的平台参数
实用型元数据	与用户级别与类型相关的信息资源的元数据	展出记录、用户及利用记录、内容重用及多版本信息	

（四）元数据的作用

元数据是一种二进制数据，用来描述公共语言运行库中存储的可执行、可移植文件或在内存中存储的程序。当代码被编译为 PE 文件（Portable

Executable，即可移植的可执行的文件）时，在该文件的某一部分中会插入元数据，代码被转换为 MSIL（Microsoft 中间语言）时，也会在文件的另一部分插入元数据。在模块或程序集中定义和引用的每个类型和成员都讲在元数据中进行说明。当执行代码时，元数据会被运行库加载到系统的内存中，并引用其来发现相关代码的成员、类以及继承等信息。

元数据的作用可以概括为以下几点。

1.确认和检索

主要用来帮助用户对所需的资源进行检索以及对检索的结果进行确认，该数据主要体现作者、主题、标题等简单的信息。

2.著录的描述

主要用于详细地、全面地对数据单元进行描述，一般包括位置及获取的方式、内容、制作方法、利用方法和相关数据单元等信息。

3.资源的管理

作为存储和管理资源的基础，既包括对著录较为全面的描述信息，也包括电子签名、权利的管理、使用的管理、资源的评鉴等多方面的信息。

4.资源的保护与长期保存

作为长期保存资源的基础，主要包括格式信息、保护条件、保存责任、制作信息、转换方式以及对资源的描述和确认等信息。

（五）典型元数据编码格式

1.MARC

MARC（机读目录格式）是世界上最为流行的书目数据标准，是图书馆描述、交换、处理、存储以及检索信息的基础。由于严密的数据结构，MARC 成为描述文献著录的主要手段。。

2.FGDC

研究和制定一种适合于美国的国家地理空间数据的标准是美国联邦地理数据委员会（FGDC）的任务之一。根据 OMB（Office of Management and Budget，即美国行政管理和预算局）发布的 A–16 号通告以及 12906 号行政令，美国 FGDC 的各个分委会及工作组在和某些非营利组织、私营企业以及国际组织持续的合作和协商的基础上，对于地理空间数据有关的标准进行了开发和研究。美国国家空间数据基础设施（NSDI）可以参考这些标准来实施。

3.VRA Core

VRA Core 的全称为 VRA 视觉资料核心类目，其主要由以下部分组成。

第一，作品著录的类目，用于著录某种由视觉文献加以记载的原始作品或者任意一种实体作品，包括 16 个数据单元：作品的类型、尺寸、载体的材料、日期、附注、作品题名、责任者、责任的方式、作品主题、相关的作品、与相关作品之间的关系、收藏单位的名称、收藏的地点、收藏号、现在存储的地点、最初收藏或发现的地点。

第二，视觉文献著录的目录，它是用来记载某一实体作品的视觉文献的著录，包括视觉文献的类型、视觉文献的格式、视觉文献的尺寸、视觉文献的收藏日期、视觉文献的收藏者、视觉文献的主题、视觉文献的来源 7 个数据单元。

4.DC 元数据

DC 元数据即"都柏林核心元数据"，由 OCLC 与国家超级计算应用中心联合发起。DC 元数据规范由包含 15 个元素的元数据的元素集合构成，来对资源对象的语义信息进行描述。

二、统一检索平台技术

统一检索平台是将多种形式、多种类型、分散异构的图书馆数字资源有机地结合在一起，使用户在统一的数据存取模式下，通过统一的用户界面完成对不同数据库和网络资源检索的整合技术。其目的是解决因数据库的数据结构、发布方式、检索方式、显示风格等差异，用户检索不同数据库时需要频繁登录与退出，造成使用上的不便和时间、精力的浪费等问题，实现来自不同数据格式、不同类型的数字资源的无缝连接，从而为用户提供"一站式"检索服务。

统一检索平台以多个分布式异构数据源为对象，向用户提供统一的检索接口，将用户的检索请求转换为不同数据源的检索表达式，同时检索本地和互联网上的多个分布式异构数据源，并通过对检索结果的整合、去重和排序等处理后，以统一的格式呈现给用户。这些检索结果既可以促使用户充分利用数据库资源，同时也可以成为与用户需求相关的信息资源链接起点，进一步链接相关内容的数字资源。由于统一检索平台技术有效地解决了数据库资源的统一检索入口问题，所以统一检索又可称为异构资源检索或跨库检索。

统一检索平台的结构一般分为三层，分别是请求转发层、统一检索业务层和数据库层。请求转发层从用户方面接受请求，对其进行分析及初步检验；统一检索业务层接受经过合法验证的查询请求，并根据用户请求转换成不同的查询格式，对数据库层中的不同数据库进行检索；数据库层包括各种结构的数据库。

目前，统一检索平台技术已成为图书馆数字资源与服务整合的核心技术，多种异构数字资源统一检索的解决方案和系统应运而生。例如，美国洛斯阿拉莫斯国家实验室研究图书馆开发的 FlashPoint，可以统一检索包括网络数据库、图书馆目录、数字杂志在内的 11 个数据源。美国加利福尼亚大学图书馆开发的 SearchLight，可以检索包括商业数据库、图书馆联机公共目录、自建全文库在内的 55 个数据源。我国 CALIS 统一检索平台采用基于元数据的检索技术，对分布在本地和异地的各种异构数字资源提供统一的检索界面和检索语言。此外，还有清华同方 CNKI 异构统一检索平台、南京大学图书馆网络数据库"一站式"检索系统及一些商业系统。

三、RSS 信息聚合技术

RSS 有多种含义，既可以是"Rich Site Summary"（丰富站点摘要）或"RDF Site Summary"（RDF 站点摘要），也可以是"Really Simple Syndication"（真正简易聚合）。从本质上来看，RSS 是互联网连锁数字资源传递的一种模式，是站点与站点之间共享信息的简易方式。由于 RSS 是一种简单、基于 XML、用于元数据描述的技术规范，其主要功能体现在互联网信息发布和网络信息聚合上，所以也被人们称为聚合技术。同时，RSS 可以根据用户的网络信息定制的内容进行及时、主动地推送，节省了用户查找目标信息的时间，为用户提供了统一的数字信息获取模式，为实现个性化的信息推送服务提供了条件。

RSS 定制中心根据用户的定制需求，在互联网的不同信息站点按照 RSS 的规范进行信息聚合，然后推送给用户。

RSS 技术在数字资源服务流程的整合中具有三种功能：

第一，过滤和聚合专业知识信息。由于 RSS 作为描述资源集合的元数据集，致力于建立标准和开放的频道描述框架（Channel Description Framework）和信息收集机制（Information Gathering Mechanism），为更精确地聚集信息提供了可能，它可以直接根据元数据进行检索，从而避免了大量冗余和繁杂的信息内容。目前，已经出现了一些专业 RSS 搜索引擎，即把相关的 RSS 频道所提供的信息采集在一起，通过加工分类和索引提供"一站式"服务，增强了 RSS 的搜索和聚合功能。图书馆和一些专业网站就利用这种功能，过滤和筛选专业和学术性比较强的信息内容，并通过 RSS 技术进行推送。例如，中国科学院国家科学图书馆整合开发了科技新闻聚合服务系统，积累了来自 383 个新闻源、51 个新闻发布机构的 470750 条新闻，为科研用户聚合了 15 个具有专业性和权威性的专题信息资源。

第二，整合个性化阅读定制。由于 RSS 将网站上的信息资源集合看成是若干频道元素和资源子元素的组合，并将它们组织成一个内容描述文件（RSS Feed）。通过 HTTP 方式发布后，RSS Feed 可以被其他网站推广或聚合，也可以由个人通过 RSS 阅读器来获取。因此，RSS 技术具有了个人定制功能。用户通过 RSS 可以从专业网站、论坛及博客等不同的信息传递渠道中订阅所需要的专业新闻、学术帖子等信息资源，组建属于自己的频道组，所有需要的信息都能够通过阅读器查看。这种个性化的阅读定制相当于建立了一个适用于个人的专业信息门户，这样既节省了用户信息查找的时间，又方便了用户个性化阅读和利用。例如，中国科学院国家科学图书馆的科技新闻聚合服务系统就为用户设置了"我的订阅"窗口，提供科技新闻信息的个性化专题定制服务，同时还提供了"用户自定义"订阅的内容板块。

第三，整合信息推荐和推送。RSS 实际上是一种元数据，其产生和发展的目的是解决用户特定的信息需求与繁杂的数字资源查找与利用之间的矛盾，提高数字资源传递和利用的效率，它与图书馆服务的根本目的是一致的。因此，图书馆通常遵循主动服务的原则，利用 RSS 技术主动为用户推荐数字资源，并进行快速的信息推送服务，以提高数字资源服务的时效性。利用 RSS 信息发布功能向用户推荐图书馆收藏的最新资源和试用数据库，也可以使用动态网页技术并按照不同的查询条件生成不同学科分类的 RSS Feed，供用户定制使用。同时，RSS 作为信息发布者和信息接收者的桥梁，增强了图书馆信息推荐和推送服务的互动性，提高了图书馆数字资源服务的价值。利用 RSS 技术发布交流信息，扩展图书馆的虚拟参考咨询服务，为工作人员和用户营造知识交流的互动空间。例如，厦门大学图书馆网站的"厦门大学知识资源港——信息参考"服务提供了多个博客群。上海大学图书馆新闻聚合系统构建的频道框架有"上大图书馆信息""中国图书馆界 BLOG""各学科优秀博客"（包括数学、物理、天文学、生命科学、法律等 15 个学科）等。

第三章 图书馆数字资源建设与服务保障体系的构建

第一节 图书馆数字资源建设与服务的法律保障体系

网络环境中数字信息资源建设和服务面临着一系列新问题，已经超出了信息政策指导和调节的范畴，而需要运用法律的手段加以规范。随着数字信息资源建设和服务活动的日益活跃，涉及的技术、经济、社会问题日趋复杂，因而制定法律规范显得尤为重要和迫切。信息法律是由国家立法机关批准制定，并且由国家的执法机关保证实施，调节信息领域社会关系的法律规范的总称[①]，能否建立完善的信息法律体系关系着数字信息建设和服务能否顺利开展。

一、数字信息资源建设与服务法律保障体系的内容

（一）信息基本法

信息基本法凌驾于具体信息法律制度、规范之上，对信息法的基本原则、立法宗旨、奖惩条例、效力等级、调整对象、信息法律关系、调整范围等作出规定。[②]立法宗旨体现了信息立法中需要遵循的主导理念，对各具体领域信息法的规定起到全局性、根本性的作用；立法原则是立法宗旨在立法过程中的具体化与体现；调整范围反映了信息法内容的范畴，即信息活动中

---

① 查先进.信息政策与法规[M].北京：科学出版社，2004:15.

② 蒋录全.信息生态与社会可持续发展[M].北京：北京图书馆出版社，2003 :119.

各种经济关系和社会关系；调整对象主要是对数字化信息规范的主体与客体间的界定；奖惩条例决定了法律执行过程中不同态度的相应处理措施；效力等级规定了各种法律、法规、规章的作用范围和相互协调的标准。

（二）信息技术法

信息技术法对数字信息资源建设与服务中的计算机技术和网络技术的规划和管理进行规范，保障信息构建、传输、交换和共享在技术上的顺利实现。它一般包括信息技术引进和标准化管理、信息技术应用管理、信息网络基础设施建设、信息网络国际互联网管理、信息系统安全保护、信息网络运营与服务管理等法律规定。

（三）知识产权法

知识产权法是调整在知识产权的实用、保护、取得与转让等过程中所形成的各种知识产权关系的法律规范的统称，主要对主客体范围、产权的获取和转让、产权管理、产权纠纷、侵害产权的法律责任等进行规定。根据调整对象，可以把知识产权法分为著作权法、商标法、专利法。其中，著作权法对数字信息资源建设和服务影响最为直接，涉及的法律问题包括：数字信息建设者在版权法中的法律地位；海量数字信息的版权获取；各类数字信息的版权保护；信息利用中的版权保护；信息长期保存的版权规定，对信息保存制度——呈缴制度实行法制化。

（四）信息内容审查法

信息内容审查法的目的是保护数字信息的纯洁性，内容包括：对不良信息的法律界定，针对国情定义我国不良信息的范围、性质、危害程度和定级标准；内容审查管理主体的规定；网络信息内容的鉴定程序规定；不良信息的控制方式规定，包括对有关信息资源建设和服务机构入网进行登记和审核，以及对境外信息的过滤机制的法律规范；确定不良信息发布者的法律责任，包括行政责任、刑事责任和民事责任。[①]

---

① 崔执树.试论网络不良信息法律规制的完善[J].情报理论与实践，2005（3）：264.

（五）信息保护法

信息保护法主要以人格信息与秘密信息为保护对象，目的是保护特定主体的特殊利益，包括商业秘密保护法、个人数据保护法以及国家秘密保护法三方面内容。国家秘密保护法也被称为保密法，是以国家的秘密为保护对象的法律规范的总称。

在网络环境中，国家秘密保护法的范围和内容应有所拓展，对国家秘密的范围、密级和保密期限、政府上网信息的审核、秘密保护工作、秘密信息泄露的惩治进行规定并扩展到数字环境。商业秘密保护是对信息建设和服务机构独有的技术和经营信息的保护措施，对侵害商业秘密的行为进行界定并规定违法责任。个人数据保护属于个人隐私保护范围，是对任何与确定的或可确定的个人相关的信息以及个人敏感数据的法律保护。面对网络发展、隐私纠纷增多的状况，需要制定专门的隐私保护法，对个人信息定义和内容、个人信息权利（包括个人信息决定权、保密权、查询权、更正权、封锁权、删除权和报酬请求权）、个人信息收集原则、个人信息公开原则、违法责任等作出法律规定。

（六）信息公开法

信息公开是指一切负有公共事务管理职能的组织将其持有的行政信息主动通知或依群众请求向一切人进行披露，是保障公民知情权和民主政治实施的积极措施。信息公开法要明确规定信息公开的义务人和权利人，政府信息公开的原则、标准、范围、方式和时间，信息公开的监督机制，信息公开与保密的界限及行政机关"国家机密"的自由裁量权。

二、数字信息资源建设与服务法律保障体系建设的思路

（一）构建独立的信息法体系

信息法律成为独立的法律部类，不仅关系着信息法律体系的完善和统一，也是符合法理和实际发展的必然选择。从理论上看，数字信息在收集、组织、传播、交换、利用、保存等环节中产生的一系列新的社会关系和社会问题已经形成了信息法独特的调整对象，具有成为独立法律体系的法理基

础。从实际操作上看，不断涌现的信息问题难以在原有的法律框架中解决，需要专门的信息法加以统一调整；而知识产权、信息安全、网络管理等方面的法律法规发展比较成熟，具备了独立于原属各部门法的条件。构筑独立的信息法律体系需要专门从事信息立法、负责统一规划协调和制定信息法规的常设机构作为保障。① 应当尽快建立由法律专家以及信息学专家和其他专家共同组成的常设信息立法机构，并且让它隶属于全国人大常委会的法律工作委员会。②

（二）注意保持社会利益的均衡

信息法律的最终目的是调整在信息的使用、转让、保护与取得等过程中所出现的各种利益关系，以法律的权威来协调各方的冲突因素，达到社会利益的合理平衡，可以说，平衡是信息法规的基本精神。它的内涵既包括微观层面上的调整，即公民与国家之间、公民与集体之间、公民之间的信息利益关系，又包括宏观层面上的调整，即不同国家间信息交流中的各种关系问题。在修订和制定信息法律时必须统筹兼顾、平衡各种可能相互冲突的因素，兼顾各方利益。在"保护国家利益和社会公共利益，维护各类主体的合法权益"这一总原则的指导下，确定保护与限制之间的界限，找到矛盾双方利益的结合点。

（三）注重各种法律关系的协调

信息法律是涉及各级法律法规的统一体系，需要从宏观上进行协调，使之成为一个有机统一的体系。具体调整如下：第一，各级立法之间的协调和统一。信息法治建设既要重视各层次立法的协调补充，又要坚决维护国家信息立法的统一性，依据上下位法以下服上、旧法依新法修改、同位法保持一致的原则，调节各级立法的效力，规避各类法律法规间的彼此抵触，确保其正确执行。第二，各类信息法之间的协调。需要积极充实信息法律的范围，协调各部门信息立法之间的关系，如不是必需，应避免冲突和重复。第三，国际信息法律与国内信息法律的协调与接轨。在制定相关信息法律与法规的

---

① 查先进.信息政策与法规 [M].北京：科学出版社，2004：48.

② 程文艳.我国信息法律体系的完善研究 [J].图书馆建设，2003（4）：14.

时候应当符合国际惯例，同时，中国作为一个发展中国家，在和国际接轨之际应注意运用科学合理的手段，高效地保护我国的信息经济。

（四）图书馆界应积极参与信息立法

图书馆界一直是信息活动的重要主体，但在网络环境中，它面临着更多的挑战和机遇。一方面，图书馆界在数字环境中继续担当着社会公众利益的代表，积极参与信息资源建设与服务活动，致力于人类知识积累的公共获取。另一方面，数字信息资源建设投资巨大，除政府外，还需要多渠道商业融资，在运营方式上是公益性和商业性相混合，而任何一种方式的采纳都会对图书馆的服务定位产生重大影响，定位不同，权利义务迥然不同。图书馆界的这种性质在变化了的数字法律环境中显得处境尴尬，在法律定位和法律适用上处于极其微妙的状态，在这种形势下，图书馆界积极参与信息立法，将为自身发展带来有利条件。

第二节　图书馆数字资源建设与服务的标准保障体系

一、图书馆数字资源选择标准体系的确立

（一）数字资源选择标准体系确立原则

数字资源选择标准体系具有其应用的多元客体与主体以及多重价值和多向维度的标准，所以，在选择标准体系时，要始终坚持遵循一定的原则，并且总结出整体特征与总体目标，进而在科学地、全面地且系统地选择资源中起到至关重要的作用。

1. 系统性原则

在选择数字资源时一定会考虑不同方面的因素，并且这些因素之间也会存在约束，所以，在制定选择标准体系时，便需要整体把控，要考虑选择客体的多个方面，不同标准间应当相互联系与互为补充，构成一个完整的系统性的标准体系。在这样的前提之下对其层次结构与标准数量进行合理且科学的构建，进而充分地反映出各个因素之间的联系。

2.可比性原则

资源的选择本身就是一个进行比较的过程，这里的比较可能是两者间的比较，也可能是多者之间的比较，如电子图书与电子期刊的比较，对于同一数据库中不同年份数据的使用情况的比较。要想在两者或是多者间进行比较，就需尽可能让它们量化，从而方便对比。如果无法量化，也要尽量采用适当的方式进行处理，最终经过一番分析比较得出令人信服的结果。

3.实用性原则

实用性原则是选择标准最具生命力的部分，其选择标准需要将定性与定量完美结合到一起。首先，其标准的定义要足够明晰。其次，标准的体系与规模应当适度，不能太少也不能过多，当规模过少，容易使标准制定得不够合理与科学；相反，当标准数量过多，虽然可以使体系制定与设计更加全面，但是会给具体的信息采集工作带来巨大困难，成本也很难得到控制。再次，其涉及的数字资料，应该是方便整理收集与统计的，使之具有可测性，可以说，可测性越大其可信度越高。最后，其选择的标准应当具有一定的象征性和典型性，典型性越高其真实度越高。①

（二）选择标准体系确立方法——专家问卷调查法

选择标准体系的确立，关键的核心部分是选择标准不断优选的过程。图书馆的数字资源选择的标准体系的多维度设计，以及在这个基础之上提炼出来的数字资源相关标准的最初整合，是基于现有机构和学者的研究理论以及部分馆藏现行的选择标准进行的探讨。其资源的选择是图书馆一项极具实践性的内容，也是常规工作之一。其是由专业人员根据相关的经验、参考资料、方法以及标准等多方面考虑进行的决策。其中决策者的角色至关重要。但是对于数字资源在选择标准时所运用的不同的标准在实际当中的意义是什么？则需要更为专业的图书馆以及相关领域的专家进行解答，采取专家问卷方式当作其选择标准确定的方式。

问卷调查法是建立在一定的理论研究前提下，通过问卷形式，在收集来的众多信息中通过一定的逻辑推理以及对其设立的假设性的问题，进行不断

---

① 杨道玲.服务导向的政府部门电子政务绩效评估研究[D].武汉：武汉大学，2007.

验证的研究过程。问卷调查法的基础是与之相关的变量已确定，并且使之可以展开测量。本书中图书馆的有关专家对不同选择标准的适用程度具有一定的可预测性，满足该调查法的相关前提。

采取问卷调查法就是在调查资料的基础上，结合相关领域专业人士多年来的工作经验，经过部分推算已经采用经验法直接对研究对象进行综合性分析与研究，然后再依据其选择标准的适用度以及重要性进行相应的评估，并且寻找其发展的规律和特征，之后依据合适的统计方式择优选择出其最符合要求的标准，从而实现标准的进一步优化。这种问卷调查法是最节省时间以及简单便捷的方式，不需要众多复杂数据的整合便能得出其研究的结果。另外，这种方法采用的是匿名的方式，被邀请前来进行预测的专家学者之间彼此不联系也不见面，能够单独地对调查表所列内容阐述个人意见。因为采用的是匿名的方式，调查出来的结果也较为客观。①

二、图书馆数字资源选择标准判断依据

（一）资源契合维度选择标准判断依据

1. 与本馆发展目标的一致性

描述："与该馆的发展目标相一致的特性"是一项主观方面的定性类标准。数字资源的建设与开发应当与图书馆自身的发展目标相一致。比如，高校图书馆内的数字化资源应该能够帮助校园发展以及其科研、教学的进步，所以，需要对这些数字化的资源进行判断，看其是否符合校园的整体发展需求以及重点学科发展的需要。

判断方法：参照图书馆的具体情况，应当由高校图书馆的相关专业人员对数字资料的性质和内容的范围作出判断。

2. 对本馆开展服务的支持度

描述：此类型的标准属于依靠主观判断的标准类型。图书馆具备的服务项目众多，其中需要大量数字化资源进行支持的工作有：参考咨询类服务、文献传递类服务、科技查新类服务、资源集成检索类服务以及远程查询检索

---

① 朱庆华.信息分析基础、方法及应用[M].北京：科学出版社，2004：78.

类服务等。考察支持度主要体现在该馆所订购的数字化资源的内容以及授权使用方式等方面。

判断方法：结合图书馆具体的服务项目，由图书馆相关的资源选择工作人员依据标准、许可的协议内容、资源范围和内容、平台的性能对其进行综合性的评估与判断。比如，国家科学图书馆内的跨库检索系统，用户便能通过一次性的检索服务，跨越众多不同的数据来源，进行最大范围的检索，在最短时间内找到想要的内容；图书馆借助文献传输方式满足用户跨地域查询资料的需求。因此，对于数字资源的供应商也会提出相应的要求，综合判断其是否符合该项服务的相关规定与限制要求。

3. 对本馆已有资源的补充

描述：从定量标准的范畴出发，对本馆现有的资源进行补充。这里需要强调的是数字化资源在其内容与类型上的唯一性。资源分为两种：一种是传统的纸本资源，另一种是现代的数字资源。对于这两种资源类型需要考察的便是信息的重复率。当前，最为头疼的问题便是在由于数据库中内容使用重复率较高，导致在对其进行整理时很难做出取舍，往往会出现重复订购的情况，尤其是在中文的数据库中更为常见。资源重复率一方面造成补充性资源无法引入图书馆，另一方面又使得不同类型的资源应用率过低。纸本的资源与数字的资源重复情况相对复杂，应该考虑不同因素。因为两者间各有利弊，无法从单一的角度进行简单地衡量。从资金角度来看，数字资源的优势更为突出，如果纸本的资源并非核心资源，从长期保存、授权使用等因素出发，数字化资源应当作为首选，可以考虑将纸本资源的订购计划取消。

判断方法：根据数字资源供应商所提供的数据，与图书馆现存的数据资源进行对比，为了提高工作效率可以选择相应的自动化工具，比如，乌利希连续出版物分析系统、Serials Solutions 等对其进行分析，从而发现该馆内数据资源的重复率。

资源重复率可通过下述公式计算：

资源重复率 = 数据库中冗余数据数量 / 数据库中的数据总量　　（3.1）

对于资源的重复率的程度，目前尚未制定统一标准。我国与美国的相关机构与专家学者对于重复率有着不同的标准与看法，其中美国某所高校的图书馆提出为了确保某馆藏的资源的丰富程度，要求相同内容但不同类型数据资源的重复率应该在 45% 以下。我国的专家学者提出重复率不应当超出30%。不同的图书馆可以根据其实际情况来确定其最终的数据重复率。此外需要强调的是，若是预购的资料其收录年代更加久远，可以依据其具体情况视为重复性期刊。[①]

数据收集方式：主要的收集方式有两种，分别是抽样调查与连续收集两大类。图书馆针对那些已经订购了的资源，按照以往的规则与方法对其进行编目，同时还要定期对发生变动的资源进行及时整理与更新。其中不同的二次文献、期刊以及图书等，其出版年代、题名等方面的信息均可以在图书馆的目录的数据库中体现出来。

4.用户查找相关信息的主要来源

描述：通过对用户查找的信息资源进行分析整理，可以了解到读者对此类信息资源的满意度及需求度。

判断方法：依据对目标用户进行调查以及对从用户使用的统计数据中获取到的信息进行判断。大致可以针对两大类资源进行调查：一类是已经订购的资源，应该对它在全年的使用状况进行数据整合，通过量化角度进行分析，然后再结合用户使用后提出的意见或者建议得出结论；另一类是处在试用期阶段的资源，由于用户对其熟悉度不够，因此在对此类资源进行判断时，其统计情况的量化信息有限，无法做到全面客观，所以仅将它作为参考。

数据收集方式：主要收集方式有两种：一是抽样收集；二是连续收集。针对目标用户的调查可以采取抽样方式，由图书馆工作人员通过对该馆网页发出的调查问卷信息数据，借助访谈或者电子邮件的方式来获取用户的使用信息反馈。对于统计收集数据的来源，一种是来自图书馆的数字信息后台记录资源，另一种是来自数据供应商对于用户使用情况的统计情况，具体包括

---

① 李静霞，胡永生，黄如花.图书馆电子信息资源建设[M].武汉：武汉出版社，2005：254.

网页的登录次数以及有关资源的检索与下载次数的统计。

5.用户对资源的推荐

描述：用户对数据资源的使用推荐能够清晰地反映出当下用户群体对于资源的需求度。为了提高图书馆数字资源的使用率以及用户满意度，可以订购用户推荐的资源，比如在武汉大学图书馆内就有专门建立一种具有此类功能的系统，即"图书荐购"系统，主要就是搭建起了解用户需求的信息桥梁。长期的实践也证明了此举效果显著，成为图书馆数字资源采购选择的依据之一，具有极高的适用性。

判断方法：采用抽样调查的方法获取用户需求信息。对于推荐购买此类资源的用户群体占比达50%以上，则认为此类资源值得订购，符合广大用户群体的购买愿望。

数据收集方式：主要通过抽样调查的方式对目标群体信息进行收集。收集具体方式可以借助互联网发布调查问卷的网页链接或通过访谈、电子邮件的方式获取用户反馈信息。

（二）资源质量维度选择标准判断依据

1.本馆用户学科/行业覆盖率

描述：获取资源订购信息的途径是调查馆内待选的资源类型与用户的专业学科以及行业的覆盖率的比例情况。从用户需求角度分析，公共图书馆员需要通过获取服务范围内的用户所学专业以及从事的行业背景进行了解，从而进一步确定资源的需求程度。从资源对于学科建设方面分析，高校图书馆需要考察资源的引入是否有助于学科的发展与建设，也是高校将数字化资源作为重点学科文献的方式之一的重要体现。

判断方法：

学科/行业覆盖率可以通过以下公式计算：

学科/行业覆盖率＝与图书馆用户学科或行业相关的资源数据量/收录数据总量

$$\text{（3.2）}$$

数据收集方式：其主要的方式是连续收集。一般而言，当图书馆与数据库供应商签署订购合同之前，都会提供一个详细的相关文献的清单，并列出与之相对应的学科。在签署订购合同时切记需要再次核实当下的数字资源出版物具体的情况，比如是否已经停止出版或者不再向供应商提供相关文献的电子版本，因此，图书馆应当定期对数据库进行更新。

2.全文出版物收录比例

描述：主要是指数据库中收录的全文出版物的具体数量占据其总体数据量的比例情况。

判断方法：通常而言，对于全文的数据库来说，在所有数据库的数据量中所占比例应当高于 50%。全文出版物的收录比例计算公式如下：

全文出版物收录比例 = 收录的全文数据量 / 数据总量 　　　　（3.3）

数据收集方式：主要的方式是连续收集。结合资源供应商能够提供的信息，对资源库中的一切数据进行编目，并且根据数据库中出版物变更状况进行数据的更新工作。当然，也有一些特殊情况，比如有些出版物已经注销，或者部分全文数据库无法提供全文，仅可以提供全文中的一部分或是只能以文摘形式出现。

3.核心出版物收录比例

描述：这个标准是馆藏资源价值与质量的体现，同时也能从侧面反映出馆内数字资源的可信度与权威性。

判断方法：考察被 ISTP、SCI、EI、SSCI 等具有权威性的检索工具收录的期刊比例情况。从数据库收录的权威性较高的出版物以及核心期刊来看，其比例应该超过 30% 为最优。[1]

核心出版物收录比例通过以下公式计算：

核心出版物收录比例 = 收录的核心出版物数据量 / 数据总量 　　（3.4）

数据收集方式：主要采用连续收集的方式。最需要注意的是及时对数据库的资源信息进行更新。

4.出版商声誉

描述：这也是图书馆选择资源需要参考的标准之一，侧面体现出对其资

---

[1]　徐革.我国大学图书馆电子资源绩效评价方法及其应用研究[D].重庆：西南交通大学，2006.

源信息权威性的考察。通常而言，若是其所收录的文献中名气相对大的出版者越多，那么便证明其学术价值越高。

判断方法：需要考虑事实数据库以及全文数据库两种不同数据库，其判断标准也会不同。前者主要看种类各异的图谱图标、化学反应式以及统计数据等，其来源是否是权威机构或专业协会。后者需要看出版物的出处是否来自学术性较强的出版社或者学会。从数据来源的情况分析，若是大部分来自学术性较强的学会与出版社，便能够明确该数据库的信息来源学术性较强。至于出版商的权威性如何，需要借助一些用户信息反馈、教师意见征询以及相关的排名等渠道获取。

5. 内容更新频率

描述：这个标准看的是提供资源的时效性。数据资源的信息更新频率越高，可以说其时效性越强，最好是以日或者周为单位进行更新效果最佳。除此之外，部分纸质出版物其出版时间与数字出版物的时间存在时差，这也会影响其时效性。

判断方法：一般而言，数据库供应商在签署订购合同之前会提供一份相关数据更新频率的资料。通过抽查的方式获取滞销与处理纸质出版物滞后问题的数据信息。

数据收集方式：通过抽样收集与连续收集的方式。在内容更新频率的信息收集方面，供应商是一方面，另外一方面还可以借助系统所记录到的数据进行获取，收集针对电子版本以及纸质版本的出版物的滞后情况。

6. 内容准确性

描述：这一标准主要是看其具体的信息内容是否存在差错。除此之外，将信息的遗漏也当作考量内容准确性的一个方面。

判断方法：从两方面进行判断：其一是从内容的完整性出发。需要将数字资源与纸质资源进行比对，看其完整性方面是否存在问题，比如图表、文字以及插图等。如果我们在 Net Library（网络图书馆）所给出的一些电子书中发现图表存在缺失，原因来自插图的版权问题没有全部处理好，导致只有60% 的图像获得版权。其二是网页打开是否存在乱码、文字的书写以及语法是否存在问题等。

数据收集方式：主要是通过抽样收集的方式。根据现有标准对抽取的数据进行考察。

（三）资源使用维度选择标准判断依据

1.授权使用范围

描述：资源的使用范围通常是指数据资源的供应商对数据使用地点以及使用用户的界定。该用户主要指的是使用该图书馆数字资源与相关服务的授权终端用户。

总的来说，由于资源供应商存在差异，其使用地点以及授权用户的划定上也会存在着差异。在与资源供应商进行谈判签署订购协议之前，必须做到要有满足本图书馆发展需要的授权用户群体以及使用地点范围，在明确以上信息之后，并在协议中写明此项规定。以香港中文大学为例，其图书馆的数字资源授权范围就划定在香港大学图书馆联合会（JULAC）人员、学生、雇员的配偶、毕业校友、教学和研究人员以及访问学者。然而除了与学术相关的人群，如研究与教学人员、学生可以借助网络远程进行访问之外，其他群体仅可以在馆内享受此类信息服务。

判断方法：授权使用范围的判断标准属于主观意识范畴。通过图书馆相关工作人员针对许可协议中的内容，结合本馆的发展需求做出最终的判断。

2.授权使用方式

描述：主要是指在资源使用以及终端用户方面的一种许可行为与方式。

判断方法：对许可协议中有关授权使用方式部分的内容界定，需要图书馆的相关工作人员进行判断。首先其协议应当是合理的，且符合相关规定。从终端用户角度出发，应该允许学习个体出于教学、研究或者学习的目的进行下载、复制或者打印少量的数据资源；允许大学的图书馆用户把相关资源应用在电子教学参考系统中；为了提高馆内系统的使用率，允许在订购期间对所学资源内容进行备份；允许一定数量或者形式上的文献传递性服务；为培训、宣传等为目的的活动提供数字资源的下载、打印以及展示；允许对数字化资源进行整合。

3.检索系统有效性

描述：一般通过两个方面来考查其有效性，即检索到的结果是否满足用户需求以及检索的响应性能是否正常。

判断方法：考察其有效性需要从以下三个方面考虑：第一，检索结果的符合程度。即所检索到的信息是否真正是用户所需要的信息，与其需求匹配度高的信息量越大，说明该数据库的有效性越高。第二，检索出的结果显示数量。如果检索出的结果数量越多，说明其覆盖的范围越广，也就是说与用户需求的匹配度也就越高。第三，检索反映的速度以及相应时间的快慢。其速度越快，用户可以在较短时间内查找到其所需的资料。综合以上三种情况的判断，最终可以呈现出关于该系统有效性的评判意见。

数据收集方式：一般是由图书馆的工作人员在资源的续订期间与预订期间抓取某些检索词进行抽样的判断，获取所需数据。除了需要从图书馆获取相关数据之外，还可以通过用户终端获取数据信息以及意见。

4.检索系统易用性

描述：主要是考察其是否便于用户使用。该特性是绝大多数用户对于交互式的互联网以及其产品的最基本的需求。

判断方法：从四个角度对其进行考察：第一，用户定位信息的便捷性，就是考察用户能否在较短的时间内找到自己所要查找的信息，从操作程序到页面显示可否便于查找。第二，方便存取，主要反映出系统结果输出显示的便捷性。其格式大致可以分为三种：专用格式、超文本格式或者文本格式以及 PDF 格式。其中，PDF 格式的输出是符合国际标准，但也有不同的资源供应商在其所属的数据库中放入需要通过下载专属浏览器的系统，这会大大降低用户对其需求的意愿。所以对于那些不需要通过下载专属阅读浏览器的资源库，其评分更高。第三，检索途径是否具有多样性，检索方式是否简单易懂，且符合大众使用偏好。第四，对于使用界面上出现的术语是否有注解、是否通俗易懂，并且提供语言翻译服务，对于外文资源数据库是否具有汉化检索的平台。

数据收集方式：同检索系统有效性的收集方式。

5.检索系统易学性

描述：对于首次使用数字资源的用户来说，便于学习与操作是最为主要的，如果界面中有一定的步骤提示或者是步骤相对简化，对于第一次使用的用户来说也可以轻松应对，在短时间内掌握其使用技巧，可以让用户觉得这类系统可用性很高。

判断方法：能够从以下几个方面进行判断：其一，其系统自身学习使用的过程是否足够简化，相对没有那么繁琐。其二，帮助工具使用的难易程度，由于大部分的资源都会涉及帮助工具的使用，具体涉及两个方面的内容：一是帮助工具呈现的方式应该是便于用户发现的，节省用户使用时间；二是帮助工具应有服务内容的详细说明，即系统不同功能的使用步骤的简介、检索方法的介绍，比如初学者如何进入检索框进行相关资料的查询工作，进而提高用户的使用满意度。

数据收集方式：同检索系统有效性的收集方式。

6.检索系统可控性

描述：可控性是指系统原本设计的功能属性有利于用户后续对其检索的结果进行处理，能否在最大限度上支持用户后续处理信息。

判断方法：能够从如下几方面对其进行考察：第一，不同的资源数据库都有其个性化的设计或者功能设置，是有别于其他系统的，它独具特色的设计是否便于使用，比如通过输入形式、文献类型、出版时间等信息，按照一定的信息排序呈现出相应的信息内容；第二，是否可以通过二次检索再次进行信息检索，确保用户快速检索到所需内容。

数据收集方式：同检索系统有效性的收集方式。

（四）资源服务维度选择标准判断依据

1.提供规范的使用统计数据分析报告

描述：主要是看资源的供应商能否按照约定的要求如期提交用户使用情况统计数据的分析报告，其提交频率通常为3个月一次。

判断方法：是否按照COUNTER的相关标准规定对用户使用统计数据的格式对比以及类型进行分析。由供应商提供的相关数据，一种是由供应商直接提供的关于使用情况的统计数据方面的分析报告，从而减少图书馆工作人员的工作量；一种是供应商依据数据的特性，提供与之相关的统计报告。具体内容有由时间段内数据的统计情况，即下载次数、登录次数以及检索次数决定。其中详细报告内容有依据资源库子库、图书、期刊、学科等类型的统计数据分析。总体来说，只有相关数据的话，其评分不会太高。

2. 提供免费试用期

描述：这一标准主要是看其试用时长是否足够满足图书馆收集相关数据信息进行完整分析，从而判断其是否适用，通常来说时间控制在3个月以上。

判断方法：图书馆可以依据自身资源服务情况与供应商商定试用期的时长，一般为了更好地掌握其资源的服务效果，会延长其资源使用的试用期。

3. 提供培训支持

描述：这一标准通常考察的是其供应商对馆内培训事务的支持程度。

判断方法：通过两个视角进行分析：其一，有没有对馆员以及图书馆的终端用户进行的培训；其二，有没有一系列培训与宣传类的资料。

4. 售后服务响应时间及效果

描述：这一标准主要考察的是供应商解决使用问题的效果，以及其是否具有长期的服务意识。

判断方法：能够从如下几方面进行判断：第一，通知类服务，在系统进行维护、更新时，会影响用户的正常使用，这时需要在第一时间告知用户，避免造成不必要的损失。第二，反应速度，当系统在使用中出现故障或者问题，能够在最短时间内将其处理好，不留隐患。第三，故障处理，当用户在使用该系统时出现使用权限被终止或服务器中断等情况时，是否有专人负责对此进行解决与处理。

5. 数字资源长期保存方式

描述：一般需要研究与观察供应商提供的资源能否确保长期保存，其自身对资源长期保存的保障能力如何；不管有没有对其资源服务进行续订，图书馆对于已经订购的数字资源是否能够长期保存、拥有以及使用，不管是校内镜像还是远程访问方式。

判断方法：长期保存方式有三类，即纸质出版物、数据+系统、裸数据，选择哪种储存方式需要结合图书馆的具体情况来定。针对资源的长期保存，不同的图书馆采取的具体措施有所差别。比如，新南威尔士州立图书馆、加州大学图书馆就提出了参与资源保存以及自行保存的资源保存计划。除此之外，通过供应商提供裸数据的方式也是形式之一，比如在亚利桑那大学的图书馆内便不对资源进行长期保存，而是去寻找专业机构对这些数据进行保存。远程访问保存对于图书馆来说也是可以采取的方式之一。

6.长期保存资源许可使用方式

描述：关键考察的是图书馆对于停止订购数据资源的许可使用方式与行使相应的权力。

判断方法：一些资源供应商会对需要长期保存的资源使用权限进行限制，所以图书馆方面在取得停止订购资源的长期保存权时，也需要确认其供应商允许图书馆对资源进行使用的方式是怎样的。此行为需要依据图书馆的具体服务需求进行判断。

（五）资源成本维度选择标准判断依据

1.资源定价模式

描述：因为当前众多数据资源供应商采取了多种定价结合的方式，图书馆要结合切身利益以及实际需求来对资源的定价模式进行合理判断。

判断方法：数字资源不同的定价模式各有利弊，应该结合本馆的相关情况，考虑选择哪种定价模式更为经济合理。以中小型图书馆为例，它就不适用于以固定价格作为基准的定价模式。总的来说，不同的定价模式其总的计算方式应该是简单且易操作的；能够预先计算出其成本大致范围，便于图书馆进行对比选择；除此之外，还应当对其进行清晰的理解，需要对定价所涉及的不同因素有个清晰的界定，比如购买资料数量、实际浏览量以及下载量等因素。可以说，若是供应商仅提供以数据资源作为基础的模式，同时取消纸质类资源作为基础的捆绑式定价模式，将更加符合图书馆的发展要求。

2.资源价格

描述：此标准主要是看其与同类型的资源作比较，其预选的数字资源定价是否在图书馆订购经费的预算范围内。

判断方法：具体的定价过程是首先计算出该类数字资源的单价，然后在与该资源同类型资源和纸质版资源进行综合比对，结合本馆的经费实际来最终确定。同时需要考虑数字资源的单价不应该高于其纸质资源的单价。在捆绑其纸质版进行数字资源的订购时，在计算单价时应该加上纸质版的资源单价，且不应超出其经费预算范围。除此之外，在成本核算时，还应考虑加上其他的投入。比如专门为某个数据库建立的镜像的硬件设备投入、数据库的检索系统以及相关软件使用费用。

数据收集方式：采用不定期的收集方式。对于该类资源的订购价位都可以找到相关信息，为其订购提供数据参考。

3. 年涨价幅度

描述：具体来说就是数字资源价格在一个财政年度之内其变化的幅度大小。引起价格上涨的因素有很多，有市场变化因素、数据量的激增因素、货币汇率的变化因素以及代理商手续费因素等，导致数字资源价格随之上涨。

判断方法：

资源年涨价幅度可通过以下公式计算：

年涨价幅度 =（当年购买价格 – 前一年购买价格）/ 前一年购买价格 （3.5）

依照 CALIS（China Academic Library & Information System，即中国高等教育文献保障系统管理中心）的采购做法，通常将其数字资源的年度涨价幅度控制在 5%–7%。

4. 全文下载成本 / 检索成本

描述：此标准主要是对资源的使用成本的效益进行的考量，可以最大限度地反映出其数字化资源的投入与产出性能。

判断方法：

全文下载成本 / 检索成本可以通过以下公式计算：

$$全文下载成本 / 检索成本 = A/B \qquad (3.6)$$

公式中的 A 是指在一个财政年度之内为了维护其资源正常使用所投入的经费总和，具体包括使用此数据库时所产生的国际流量费用、数字资源的订购费用以及购买软硬件设备的费用等。公式中的 B 是指在文摘索引的数据库内，主要是指该数据库中一切数据的检索次数总和；在全文数据库中，主要是指该数据库中一切全文的下载篇次的总和。由于新订购的数字资源，其试用期内并不会产生其他成本，所以能够通过相关的数字资源检索次数、全文下载次数或者登录次数进行考评。

在判断出数字资源的全文检索成本或下载成本的时候，能够将它与该馆上一个年度的资源使用情况的成本进行对比，与 CALIS 集团使用的平均值进行对比，再与该馆的同一类型的资源进行对比。全文检索成本或者下载成本越低，其使用的效果越好。尤其需要引起关注的是因为用户对资源使用的积极性以及需求需要经过很长一段时间的培养，新订购的资源起初成本相对较高，所以，需要经过很长一段时间的不间断考察。

数据收集方式：采用连续收集的方式。具体来说，有两种情况：其一是仅可以通过远程方式进行资源获取的，则要求借助相关供应商提供的相关数据。其二对于已经建立了镜像的资源来说，图书馆能够借助自行开发或者购置的统计系统、Web 日志进行记录与获取相关的使用统计数据。

（六）资源风险维度选择标准判断依据

1.版权争议材料的处理

描述：该标准主要是用来考察供应商在版权问题方面出现争议时的危机处理方式是否适当。

判断方法：这是一个较为主观的定性判断标准，其存在两方面评判依据：一类是在协议中体现出的文字性规定。具体内容包括确保资源来源以及获取完全合法，能够做到及时移除不再拥有版权的资源，或者有法律依据确信侵犯版权或者其他法律的数据资源，并在协议中写明，一旦出现版权问题，应当由资源提供商承担法律责任。另外一类是指其产生版权纠纷时供应商所采取的危机处理措施是否得当。

2.对资源非法使用的界定与控制

描述：主要是判定图书馆的终端用户以及图书馆使用资源非法行为，以及对这些行为主体做出相应的惩戒措施。关键是对该馆终端用户的非法行为进行的界定与解决，比如滥用数据库、恶意下载等。

判断方法：将违反版权与滥用数据库的行为在许可协议中，对其定义与范围进行界定。特定用户出现该类情况时，资源的供应商应当考虑到绝大多数用户的权益，图书馆作为供应商的合作方，应当出面对问题进行解决，而非单纯地终止服务。

3.合同对双方责任义务约定的合理性

描述：要最大限度地明确资源供应商应该承担的义务，以及发生问题时图书馆应该承担的义务与责任的具体内容。为了确保图书馆的合法权益不受侵害，应当对其内容进行详细约定。

判断方法：图书馆方面需要调配一名具有法律专业背景的资源选择馆员对协议中具体的条款进行详细地通读，尤其是涉及资源供应商以及图书馆方面各自所要承担的义务与责任要明晰。例如，资源供应商应对图书馆控制终端用户非法使用资源提出现实的期望，图书馆如果已经尽到合理提示和约束义务，则不应为终端用户的非法使用行为赔偿，应对资源供应商提出服务中断的控制和恢复要求。若是在功能与内容上出现较为严重且极其不完整与不稳定的情况，如停刊的数量比较多，供应商应当向其提供一定的赔偿，比如减少资源的采购费用，或者延长中断该服务的时间。图书馆可以遵循《CALIS引进资源工作规范》中提出的资源供应商后续服务中的责任和义务规定，结合本馆工作实际提出对资源供应商的要求，并在合同谈判阶段争取实现。

4.合同文本表述清晰

描述：关键是考察是否清晰、准确地将协议中的各种术语、价格、概念进行了完整表述。

判断方法：图书馆的相关责任人应该对合同协议进行详细的阅读与审查，看看是否存在容易出现争议的地方，具体有服务方案、商业使用、判断授权用户、产品内容以及价格计算方式等。例如，如果出现关于资源长期保存方面的内容，对订购期结束后图书馆是否还拥有访问权限以及订购期限内其资源是否拥有长期保存权进行进一步明确。

第三节　图书馆数字资源建设与服务的技术保障体系

一、构建数字信息技术保障体系的原则

数字信息资源建设与服务的发展有赖一个强有力的技术保障体系，这个保障体系的构建应该遵循以下原则。

（一）服务导向原则

数字信息资源建设的根本目的是充分、有效地满足用户的信息需求，通过信息技术的研发达到快速、便捷、可靠地检索、组织、利用和交流信息的最终目标。因此，信息技术发展就应以服务为导向，避免陷入"技术员陷阱"，即不要单纯追求技术的先进性，而是以人为本，考虑用户的显在和潜在的需求，开发具有一定适用性和先导性的技术来满足这些需要，并以是否有利于整体服务机制的有效形成、长期稳定运行和可持续发展作为技术评定的基本条件。在技术研发的同时，也要注意对基本资源利用机制与服务系统的建设[①]，实现技术体系和管理服务体系的完美结合，共同实现数字信息建设的最终目标。

（二）交互性原则

在 Web2.0 环境中，用户不再是被动接收信息和服务的群体，越来越具有主动参与和相互交流的特质及能力。相关人员必须重视这一变化，在系统建设中吸引用户参与和交互。这种交互包括在技术发展导向上探寻用户需求、吸引用户参与联合建设，在系统性能上征求用户测试，在系统评价上接受用户报告，通过系统研发与用户的双向交流互动，不断调适信息技术体系，使技术能更好地满足用户需求。

（三）系统性原则

数字信息资源建设与服务是综合性的，它不仅包括关键技术研发，而且

---

① 张晓林.国家科学数字图书馆的工作建设原则［J］.图书情报工作，2002（5）：5.

包括信息技术在管理层面的组合和集成。信息技术应在统一而全面的理论框架下跨越整个数字资源信息建设和服务的总体过程。从这一整体思路考虑，信息技术体系应规划为资源加工整合系统、资源管理存储系统、资源互联调度系统、用户查询服务系统、信息安全与版权保护系统等若干个子模块①，同时要注意这些模块之间的有效衔接以及与总体目标的合理联系，构筑整体效益最大化的信息技术体系。

（四）开放性原则

开放性原则体现在三个方面：第一，在信息技术发展中要加强与国内外的合作与联合，充分利用已有的技术成果，积极吸收他人的经验教训，积极构建数字图书馆技术联盟，共促技术交流与合作；第二，在技术推进主体上，除了项目管理单位，还要吸收社会相关机构来共同实施，可通过公开招标和邀标来确定承担机构，通过多个机构的开放合作来实现既定目标；第三，在技术规范上要强调开放性建设，采用和适应国际、国内标准和规范，要认识到独创性与标准化并不冲突，而是在标准范围内进行的创新。

（五）法治原则

在数字信息资源建设与服务过程中出现的法律问题逐渐演变为影响其进步与发展的关键因素，因此，数字信息技术的研发和应用应遵守国家有关法律法规和国际规则，避免技术滥用对知识产权、个人隐私权、信息自由权等的侵害，同时通过技术限制达到信息过滤、信息安全保护，通过技术限制达到信息过滤、信息安全保护的目的。

二、数字信息资源建设与服务技术保障体系的主要内容

（一）信息存储和保存技术

数字信息海量增长带来的首要问题就是信息资源的存储和长期保存问题，存储技术除了要确保信息的存储容量，还要考虑数据读取的速度、完整性、可用性等运行状况。为了在瞬息万变的数字环境中保证信息稳定和持续有效，长期保存技术成为必需。数字信息长期存取面临着三大挑战，即存储

---

① 孙一钢. 数字图书馆的技术体系结构 [J]. 现代图书情报技术，2001（5）:8.

载体不耐久、读写信息的计算机软硬件过时、数字信息内容不真实完整。为了应对这三大挑战，人们提出了仿真技术、数据迁移技术、数字图形输入板技术和再生保护技术。

1.信息存储技术

直接连接存储（DAS）通过光纤通道或 SCSI 接口一对一地将存储设备连接到应用服务器上，存储设备没有独立的存储操作系统，一切存储操作均需要借由服务器 CPU 的 I/O 操作（输入 / 输出操作）来完成。其适用于服务器在地理分布上很分散，存储系统必须被直接连接到应用服务器上的情况。

网络连接存储（NAS）采用 SCSI 和以太网的即插即用存储技术将存储设备通过标准的网络拓扑结构，连接至计算机上。它可以无须服务器直接上网且不依赖通用操作系统，使整个系统的管理和设置较为简单，适用于文件系统和 Web 服务系统的存储。

存储区域网络（SAN）主要是指独立于服务器网络系统外的高速存储网络，采用高速光纤通道当作传输媒体，将一群服务器与存储设备相连接，专门用于存储，一般由光盘库、光纤交换机、RAID 阵列、带库组成。

内容寻址存储（CAS）的架构基于一种名为"Centera"的新型存储服务器，特别针对大量固定内容的存放和检索流程进行了优化。Centera 系统采用了一种被称为内容标签寻址的方式，标签通常指向已播出的广播、影视节目、医学检查图像、视频媒体、固定文档等参考文件，相当于一种数字指纹，可以使 Centera 存储服务器更容易查找到上述参考文件。

2.信息长期保存技术

仿真技术是制造一种能运行过时软硬件的软件，以建立一个兼容原始数据设备及管理系统的运行环境，促使其原有系统、设备和数据可以运行在当前的软硬件系统上，如 IBM 公司设计的通用虚拟计算机（UVC）。

数据迁移技术是依据硬件、软件的发展，将数字资源转移至不同的硬件或者软件环境之下，从而确保数字资源能够在发展的环境中被使用、检索与识别。当下常被采用的迁移形式有两种：其一，将数字馆藏从各种不同的格式迁移到容易管理的最简单且符合标准的格式中；其二，将数字信息从对软件依赖程度较强的格式迁移至对软件依赖程度较低的格式上，从稳定性较差的媒介上迁移至稳定性较好的媒介上。

数字图形输入板技术以光为能源或自带电源，自身备有屏幕且可以把屏幕上的内容自动转为数字内容进行存储，存储能力达数百上千 TB 字节。适用于数据库与文献的长期保存，如珍贵艺术品、年度报告、政府法律文献等，而对于部分需要定期删除以及用途有限的文献则适合采取迁移策略。

再生保护技术是指把不符合时代发展需求的数字信息适时地转移至纸上或缩微品的方式。该方法为长时间保存数字信息提供便利且防止计算机软硬件方面技术过时所产生的不利影响，但它对于多媒体信息则无能为力。

（二）信息组织和检索技术

信息的分布式存储和集成检索是数字信息资源建设的发展方向，为此，信息技术的目标就是实现信息的集成组织、无缝连接和跨库检索。目前主要有以下三种技术。

1.自动分类技术

信息自动分类技术是根据信息的内容或属性将大量信息归到一个或多个类别的技术过程，主要包括文本表示技术和文本分类技术。文本表示模型存在很多种，经常使用的有概率型、布尔逻辑型、向量空间型等，其中向量空间模型是近年来流行的文本表示法。向量空间表示首先要确定对分类聚类有实质贡献的词项，其次是量化，就是对已形成的词项在文档中出现的情况进行量化和加权。自动分类技术就是实现类别映射的方法，可分为 TFIDF 方法、基于概率和信息理论的分类器和基于知识学习的方法。[1]

2.异构检索技术

异构检索是借助单一的检索接口，利用同一的检索方法，实现对分布式、异构信息资源的检索。为实现异构检索功能而采用的技术包括元数据获取技术、资源选择技术、检索式转换技术、结果整合技术和自动参考链接技术等。[2] 网格技术在实现异构检索中探讨较多，将分布在不同地理位置的资

---

① 杨传耀. 数字图书馆及其分类技术的研究 [D]. 福建：福州大学，2004.

② 李春旺，李广建. 数字图书馆集成检索技术研究 [J]. 图书馆理论与实践，2004（6）:45.

源通过网络进行集成，能帮助用户在较短时间内把需要的数据从不同的数据库中找出来并结合在一起，为实施知识发现提供支持。目前的网格技术一般采用 Globus 工具包（一种开源网格基础平台）当作标准开发平台。

3.语义检索技术

网络上音频、视频、图像等多媒体信息资源的增加给信息检索技术提出了新的挑战，由于多媒体信息具有极其丰富的内涵，难以用文档完全概括，同时文档描述有很大的主观性，这就要求基于语义进行检索。它包括语义元数据生成与管理层、数据存储与管理层和应用层三层体系结构，在对数据抽取、标注和采集的基础上，建立索引和聚类模块，提供基于内容语义的强大检索功能。目前这种技术刚刚起步，在现行方案中，IBM 的 QBIC（Query By Image Content）是一个成功系统。它在面对动态图像与静态图像时提供不同的技术。在动态图像中，通过物体或摄像机运动，或运动估计、分镜头检测、层描述等手段对图像进行检索；在静态图像中，QBIC 通过对纹理、草图、颜色、形状等多方面途径对图像进行检索。

（三）信息安全技术

信息安全技术的目的就在于提供一套系统，使网络信息资源的存储、传输和开发利用处于一个有充分安全保障的环境里。根据国际标准化组织提出的开放系统互联安全体系，信息安全技术必须提供访问控制安全服务、对象认证安全服务、数据保密性安全服务、数据完整性安全服务和防抵赖性安全服务。

1.信息加密技术

信息加密技术即密钥技术，在数据通信过程中，将原始信息（明文）按照收、发双方共同约定的一种特殊编码（算法、密钥）变换成密文进行传送，经过接收方的解密，实现信息的安全、正确交换，这是一种主动的信息安全保护技术。

2.身份认证技术

身份认证技术主要包括数字签名和数字证书。用发送方的私钥加密消息摘要，之后把它与原始消息附加到一起发送，称之为数字签名。数字证书是非对称加密体制下的一种权威性的电子文档，由 CA 中心（Certificate Authority）发行，内容一般包括证书持有人的身份信息、发布证书机构的数字签名和身份信息、证书持有人的公开密钥、数字证书的有效期、证书类别和数字证书的号码等，用于标识和证明通信双方身份及其公开密钥的合法性。

3. 安全防范技术

安全防范技术主要包括防火墙技术、入侵检测技术和病毒防治技术。防火墙技术是在互联网与内部网之间建立起一个安全网关，对内外部网络之间的信息流通行为进行控制。入侵检测技术通过从计算机网络系统中的若干关键节点分析与收集信息，检查网络中是否存在遭到袭击的迹象与违反安全策略的行为，提供对误操作、内部攻击与外部攻击的即时保护，在网络系统遭受危害前拦截与响应入侵。病毒防范技术包括硬件防范和软件防范。硬件防范的主要形式有在服务器上装载防病毒模块、在计算机上安插防病毒卡、在网络接口卡上安装防病毒芯片等。软件防范是利用防病毒软件，定期扫描计算机，避免可执行的文件被改写，严禁程序直接写入磁盘引导区。

（四）信息服务技术

伴随着 Web1.0 向 Web2.0 的发展，信息服务模式逐步从简单的"读写"向"共同建设"发展，从被动接收信息向主动创造信息转变，在技术上更强调主动性的推动、挖掘和体验。

1. 数据挖掘技术

数据挖掘是利用各种分析工具在海量数据集中识别出新颖的、未知的、潜在有用的、最终可理解的以及完整有效的模式的过程。数据挖掘技术是数据挖掘的具体实现，包含人工神经网络、决策树、规则归纳、最邻近技术和可视化技术等多种技术的综合运用。

2. 智能代理技术

智能代理的关键点是用户把个人信息需求提供给某一智能代理程序，该程序通过"自动学习"，理解用户的需求并且自动在网络上分析、处理以及检索页面，对于检索结果则需要按照信息用户的思维方式与需求进行处理与分化，将最终结果反馈给用户。RSS（Really Simple Syndication，即简易信息聚合，又称聚合内容）是目前较为盛行的智能代理技术。它将 XML 作为技术标准，促使不同的站点能够共享双方乃至多方的信息，从而促使网络上的许多信息内容按照用户的需求制定并汇集到单一界面的技术平台。信息定制、信息聚合与信息推送是 RSS 的三大功能。

3. 信息推送技术

信息推送技术是一种信息获取技术，是网络公司或信息服务公司通过一定的技术协议或标准，从信息加工者那里获取信息，之后通过固定频道向用户发送信息内容的新型信息传播系统，其发展方向是结合数据挖掘技术、智能 Agent 技术形成智能信息推送技术。信息推送技术可分为基于 Internet 的信息推送和基于智能数据库的信息推送两种类型。基于 Internet 的信息推送主要有通知、提要、自动拉出、自动推送、频道式推送、网页式推送和专用软件式推送等方式。基于智能数据库系统的信息推送主要采取操作式样推送、触发式推送等方式。

第四节 图书馆数字资源建设与服务的人才保障体系

顺应时代发展需求的专业人才是图书馆数字资源融合实践能够顺利进行的关键因素。大数据时代背景下，大数据应用的开展以及大数据技术的掌握对工作人员的职业能力与基本素质提出比以往更高的要求。图书馆的馆员具有最基本的服务能力、资源组织能力、资源采集能力、资源处理能力，而在大数据的分析与挖掘、大数据的应用领域的能力极为不足，可是图书馆的数字资源高度融合正是根据图书馆大数据的采集、分析、处理与挖掘而进行的。所以，图书馆应该积极进行与大数据技术与运用有关的研讨会、学习交流会和培训讲座等活动，激励馆员不断深造，主动学习人工智能、数学算法、计算机技术等方面的知识，自觉和企业与高校进行合作，共同培养大数据运用层面的专业性人才。同时，也能够借助引进与储备人才，组建一支精通大数据技术、擅长大数据应用以及拥有大数据思维的人才队伍，为图书馆的数字资源融合实践的进行与融合平台的建设提供极为重要的智力支持。

一、建立健全人才队伍建设发展规划

图书馆应当对自身的定位有较为清晰的认知，不仅需要对自身未来的发展目标、各项管理制度和文化理念等部分内容有个明晰的规划，还需要制定一个健全的人才队伍建设发展规划，不断优化人才的队伍结构。对此，可从学历、学科背景、职称、年龄等方面入手。其一，在学历方面，要有计划地逐步提高馆内员工的学历水平。除了不断鼓励员工提升自身的学历，还要出台与学历提升有关的管理办法，在学费资助、学习时间等方面加大支持力度，不断提高单位整体的学历层次。其二，在学科背景上，要不断强化学科馆员制度。早在 20 世纪 80 年代，"学科馆员"这一概念就已出现，其是指对某一专业知识较为精通，具备一定的业务能力，可以为人们提供咨询类服务的专业人员。这一制度在西方很多发达国家图书馆均已建立。其三，在职称上，我国有关部门印发的《关于深化职称制度改革的意见》中指出，要不断创新职称的评价机制，促进人才培养与职称评价相结合，特别注重评价实际贡献与业绩水平，不断向基层倾斜。对于公共图书馆来说，这是个好消息。各地政府需要不断完善基层的职称评审制度，考虑到一些基层的具体情况，可以酌情降低相关要求与条件，科学合理地设置职称评审的要求。同时，图书馆也需要清楚本身职称较低的状况，要为馆内员工提供学术研究平台，不断提高其研究能力。基层图书馆的人力资源较为短缺，学术水平普遍不高，要想改变这一现状，市级以上的公共图书馆应和基层的公共图书馆一起进行学术课题研究工作，使得基层员工的业务水平与能力得到一定的提升。其四，在年龄方面，要在编制要求范围之内尽量多招录年轻人，与此同时，在没有编制的情况下，多争取一些资金方面的支持，适度招收一些有干劲、热爱本行业且有能力的年轻人，不断优化图书馆的整体年龄结构，不断加大年轻人在队伍中所占的比重，在馆内营造一种积极向上的氛围。如此一来，不仅能够促使员工在一个相对轻松愉悦的环境中工作，还可促使用户在一个相对明朗的环境中阅读。

二、鼓励员工做好自身的职业规划

在科学合理地制定人才发展规划方面，管理层除了需要从全局考虑制定关于单位的整体性人才发展规划之外，还应该鼓励员工进行个人职业规划，两者相统一，才能使规划成效显著。[①] 公共图书馆有义务也有责任对员工的职业规划进行组织管理。也就是说，公共图书馆能够在最大限度上了解员工职业发展意愿的基础上，采取相应的措施，帮助员工制定其职业生涯的发展规划，为员工创造有利条件，提供必要的轮岗、再教育以及培训等机会，协助员工达成自身的职业生涯发展目标，并且尽量使员工的职业生涯发展目标与图书馆的发展目标保持一致，从而实现双赢的目的。公共图书馆需要坚持"以人为本"的原则，图书馆的领导要进一步了解不同馆员的职业发展需求，跟他们谈心，除了倾听其内心的声音，还需要把单位的发展规划告诉员工，正确引导他们将单位的发展规划与自身的职业生涯规划相结合，树立一个较为明确的努力方向与目标，加强他们对于工作的把控能力，使他们能站在更高的视角去看待日常工作中的各类问题，结合爱好与兴趣，借助多种方式来提升个人的综合素质，追求个人价值的实现，追求事业带来的成就感，不断地促成个人职业生涯发展目标的实现。

三、完善岗位聘任制度，创新人才竞争激励机制

评判某一机制的运行成功与否，一个极为重要的标准便是看这一机制是否具有激励与竞争作用。[②] 因此，图书馆应该不断改进与完善岗位聘任制度，不断创新人才竞争机制，这样才可以从本质上激励公共图书馆人才投身于事业的积极性与主动性，从而加快图书馆事业的发展。

（一）合理优化岗位聘任制度

为了加强管理，2014 年我国有关部门颁布了关于事业单位人事管理的相关文件，不断健全我国事业单位的人事管理制度中的两大基本制度（人事聘用制度与岗位管理制度），目的在于实现"一个转换、两个转变"。具体

---

① 徐文贤，张文兵，痴福婷. 美国公共图书馆人才需求分析研究 [J]. 图书馆，2013（4）：76.
② 冯之浚. 战略研究与发展路径 [M]. 杭州：浙江教育出版社，2013：16.

来说，就是借由从身份管理到合同管理的转变、从固定用人到聘任用人的转变，开启事业单位的用人机制方面的转换。其中，第四章的"聘用合同"与第六章的"奖惩和处分"这两部分内容为事业单位人员的进出与聘任提供了法律层面的保障与依据。公共图书馆的管理层也应当有这样的意识，除了借助积极畅通的人才引进通道与公开招聘之外，也需要在已有的人才队伍建设中建立平等竞争、公开公正的聘任制度，在图书馆内广泛地宣传与推广岗位聘任制度改革的必要性与重要性，采用竞争上岗、公开竞聘的方式吸引人才，鼓励那些有才能的员工出成果、出成绩。

（二）建立公正合理的薪酬制度

薪酬制度对于人力资源管理部门而言，是一个既重要又敏感的部分。对于单位的人才队伍建设来说，薪酬不只关系到所有员工的实际利益，也是员工在该单位该部门业务水平与能力的直观体现。怎样建立一个较为公正合理的薪酬制度，促使队伍建设保持良性循环，是公共图书馆应当仔细考虑的问题。《"十三五"促进就业规划》中明确提出"要开展基层干部队伍增收行动"，也就是说，需要进一步完善基层干部队伍的薪酬制度，实现对不同岗位、不同地区的差异化激励，最大限度地调动起基层干部队伍的主动性。国家已然做出了相应的导向，公共图书馆也应该不断转变思想观念，下定决心去除"论资排辈""平均主义"的状况，结合复杂程度、个人付出劳动、贡献以及员工需求来设计与制定更加合理且科学的薪酬制度，逐渐建立起能够体现劳动价值以及符合员工需求的激励政策。美国科学家亚当斯指出："一个人的投入与获得的比值等于所比照现象的投入与获得的比值时，他便会感到很公平，也就变得心安理得；此比值小于比照物的比值时，他便有种吃亏上当的感觉。"从此处也能够看出，当某个人的付出得到认可并且获取了对应的精神与物质奖励时，他便会有种成就感与满足感，也是对自身工作的一种认可；但是当某个人的不断付出没有获取认可以及与之匹配的回报时，便会让人产生很大的失落感，以至于在今后的劳动中不再过多地付出。某人在工作中所展现出的付出性、创造性与积极性和他受到的公平程度有着巨大的联系。[①] 所以，在公共图书馆中，应该依据不同的劳动强度、不同的岗位职责去划分各自的工作，如对于中级职称的岗位，需要整理收集有特色的地方文献资料、策划组织阅读推广活动、从事阅读参考咨询服务等，对所有的指标均需要进行量化，制定较为合理与科学的分配办法，进一步明确岗位所应担负的职责以及获得怎样的薪酬，有能力者都可以去竞聘本岗位，多劳多得，如此便可以防止付出与收获无法成正比的现象出现，真正建立起健康有序、公平合理的薪酬制度，不断激发出员工的工作主动性与积极性。

第五节　图书馆数字资源建设与服务的用户保障体系

用户在使用图书馆信息资源、享受图书馆服务的同时会产生众多对公共图书馆而言十分有价值的信息，如用户对公共图书馆管理模式的评价，对公共图书馆文献信息资源方面的评价，对公共图书馆服务效果的评价，对公共图书馆各项工作的建议与意见，用户的技能资源、知识资源、专业资源信息，用户的寻求信息、参考咨询信息、资源利用信息等。此类信息对于公共图书馆的发展与建设起着非常重要的作用。与此同时，分析、搜集、整理用户的相关信息也是公共图书馆进行用户关系管理的重要基础。

一、用户信息与图书馆工作之间的关系

（一）用户信息是图书馆管理决策的参考依据

伴随着信息技术的日益成熟，用户与图书馆间的关系极为密切，可以说，图书馆是因用户而出现并存在的。图书馆在制定发展规划时，应当始终将用户置于首位，让发展定位需要与用户需要相匹配。试想一下，若是图书馆的发展不能够满足用户需求，用户不再使用图书馆，如此一来，图书馆是否还有存在的价值？因此，公共图书馆在制定自身发展规划之前，需要最大限度地了解用户对于图书馆的具体要求，此类信息能够借助用户信息得以获取。用户在运用图书馆的过程中或多或少会产生某种信息，这些直接源自用

---

① 曹金星. 安徽省高职院校图书馆人力资源问题及对策研究 [D]. 安徽：安徽大学，2015.

户的信息不仅真实，并且极具参考价值，对于此类信息进行研究与分析，有利于我们掌握图书馆未来发展的方向，并且依据这些来制定详尽的可以得到用户肯定的相关制度，保证各项工作有迹可循、有章可依，真正发挥规范的作用。

（二）用户信息是图书馆提供文献信息的基础

在互联网环境下，图书馆的文献媒介正发生着巨变，从以纸质传播为主发展到今天的以多种文献媒介、电子载体以及互联网载体并存。各大图书馆依据特定的服务目标、特定的服务对象，明确整合、收集、存取、提供、开发文献信息资源的过程，在此过程中，用户信息以它详尽的内容成为图书馆选取海量信息，明确馆藏重点的得力助手。图书馆通过对用户类型、资源提取方式的变化、不同用户历年来使用信息资源的情况、用户需求转变等展开研究分析，明确图书馆文献信息的提供与整合方式，对有需求的用户提供更具针对性的资源服务。

（三）用户信息是图书馆各项业务工作的反馈

图书馆的工作内容为网络开发、咨询研究、信息采集、分类编目以及用户服务等，这些工作可以串联成一个整体，不管哪里出现差错，均会对其整体效益产生影响。用户信息体现在图书馆工作的各个方面，每项具体工作都建立在用户信息反馈的基础之上，其中用户需求的物质基础便是图书馆所提供的各类文献信息，因此用户的反馈信息就显得尤为重要。收集何种载体的文献信息，收集何种内容的文献资源，如何使得长效信息和短效信息彼此对称、静态信息和动态信息彼此对称、分散信息和系统信息彼此对称，怎样收集与选择信息数据库，互联网信息内容的收集、加工与整合，均需要优先考虑用户的具体需求，而用户对相关文献的满足率、拒绝率、流通率等数据能够从不同侧面反映出用户对于资源的需求方向以及具体使用情况。另外，文献资料的传播方式发生着变化，由以往的纸质版本变为现如今的网络化传输，即电子传输方式，也就是说，用户群体不用再像以往那样坐在图书馆内查阅资料，用户可以在世界的任何角落，借由互联网实现其相关资源的获取、下载等服务内容。基于以上情况，图书馆应该在进行分编工作时，从用户的角度出发，为其量身定制出符合其使用习惯以及便于查阅的系统，尽量满足用户群体的各项需求，提供一定的便利，并且对于用户的信息反馈及时进行相关调整，包括设计并推出一系列顺应时代发展需求的新版块、新内容，如文化展览、用户培训、流动图书馆、文化下乡活动、盲文图书室、知识讲座等。此类服务创新是否可以获得用户的响应，源于我们对用户信息获取是否全面且详尽。由此可以看出，用户信息的完备性至关重要，它可以避免出现图书馆与用户之间信息不对称的情况，帮助图书馆在最短时间内作出相应调整，促进新举措的推出，使其更加具有指向性。与此同时，因为用户行为与用户需求受到科学技术发展、个体习惯以及社会环境的影响，一直处在持续的发展变化中，并且极具个性化差异，而通过对用户反馈信息进行更加细致的分析，可以促使图书馆提供更具人性化的信息资源服务。

二、加强图书馆用户信息管理工作的思考

（一）理念上注重用户信息工作

作为图书馆，应当将用户需求放在首位，并且加强对用户信息的管理。图书馆用户具有两面性，既可以作为信息的提供者，也可以作为信息要求者，其中用户信息反馈是图书馆中尤为重要的一环，也是图书馆信息系统的组成部分之一。可以说，注重用户信息管理工作，既可以帮助图书馆提高工作业绩，也是不断加强用户服务的高效手段，还是图书馆重要的工作内容之一。所以，图书馆需要对用户进行详尽的分析与研究，将其需求当作一切工作的动力。

（二）内容上确保用户信息明确

对图书馆来说，其在不断发展的过程中涉及的用户信息越来越多，应按照各类用户信息的表现形式和归属情况确定完整合理的管理内容，必要时还应结合图书馆的发展趋势对用户信息管理内容及不合理的管理方式进行优化调整，避免图书馆用户信息管理工作在实际开展的过程中出现问题，这对保障图书馆用户信息管理内容合理性和相应管理工作实际开展效果有重要作用。而且不同用户对图书馆服务情况提出的要求存在一定差异，应结合各项

差异有效调整图书馆用户信息管理结构，在为广大用户提供优质服务的同时，提升图书馆各类书籍的实际借阅水平。如果图书馆用户信息错综复杂，就应利用大数据系统及相关技术对各项信息展开有效处理，逐步提升图书馆对用户的服务力度，并在解决图书馆管理系统及相关体系现存问题的同时，彰显用户信息管理的优势。推进图书馆用户信息管理稳步开展，并将用户信息管理在图书馆建设和相关行业发展中的作用表现出来。

（三）采集上做好用户信息归纳

由于图书馆用户管理过程中需要考虑的数据信息错综复杂，所以应在全面掌握各项数据信息的条件下，做好归纳整理工作，严格按照图书馆用户真实需求及信息现实表现确定合理的管理方案，保证各项信息在图书馆用户管理中的作用效果，将图书馆用户信息管理出现数据信息遗失和实际管理难度下降的风险降到最低。一般来说，图书馆用户信息管理主要分为信息录入、信息采集、信息归纳和信息分析四个环节，应保证这四个管理环节之间的关联性，从而避免图书馆用户信息管理因基础环节不合理和相关信息不完善而出现问题，保证图书馆各个时期用户信息的归纳整理力度和综合分析效果，借此为图书馆用户信息管理提供一定的支持。而且还能控制人为操作问题对图书馆用户信息管理产生的不利影响，继而延长图书馆各个时期用户信息的寿命，并结合各项信息具体分析、精准判断用户对图书馆内部各类书籍的需求情况，进一步为图书馆用户提供个性化服务。

三、图书馆用户权益保护

图书馆的一切工作都是围绕用户展开的。用户来到图书馆的一个目的是查询自身所需的信息资源，另一个目的是满足自身的精神层面的需求。因此，要将先进的科学技术引入图书馆的日常工作中来，在方便用户与馆内管理的同时，仍要注意将保护用户的思想情感与基本权利使用户的合法权益得到保障，作为图书馆的信息服务对象，应当享有如下基本权益。

（一）用户权益的主要内容

1.用户平等权

公平权作为图书馆用户权益的重要内容之一，其具体含义是任何公民，不管其财产状况、家庭出身、居住地点与年限、职业类型与性质、教育层次、年龄、性别等，在法律上均享受平等的权利。图书馆的用户群体包括普通群体与特殊群体两类，其中，特殊群体包括少数民族、流动人口以及残疾人等，他们在使用馆内资源时享有平等的权利。这些权利通常包括平等遵守图书馆各项规章制度的权利，平等获取资源信息并且进行自由阅读的权利，平等获取用户资格的权利，平等接受馆内服务以及提出咨询问题的权利，平等参与图书馆管理的权利。以上权利最终都要落实到图书馆的日常服务与管理中去，表现在图书馆的合法权益保护、图书馆的信息资源、建筑设施的运用等方面。①

（1）信息利用的平等权。从享有权利的对象角度进行分析，大到国家，小到民族与个人，都拥有获取知识与信息的平等权，它对整个国家、民族以及个人都产生着巨大的影响。因此，用户从图书馆获取信息时所拥有的平等权便显得更加重要。现如今，一些地区的图书馆依照其类型或者层次对阅览室进行划分，或者在制定收费标准与借阅数量时存在差异，或对各种类型的信息文献按照用户对象区别对待，这些与信息利用平等权的原则与要求是相悖的。虽然此类区分性质的服务已经得到了大多数人的认可，但是其中仍然存在一些问题。比如，大学图书馆内设有教师专用的阅览室，按照有关规定，是不允许除教师以外的人随意进入并进行阅览的，这对于广大学习者而言，使他们在信息获取方面的权益受到某种程度上的损害，也在一定程度上影响着学习者的发展。所以，对于诸如区分性质的图书馆服务内容，其设置的合理性还有待进一步商榷。

（2）参与管理的平等权。在图书馆中，无论是馆员还是用户，均有两重身份。对馆员而言，其拥有管理者与被管理者两个身份；对用户而言，其在馆内使用资源的过程中会被馆员监督与管理，而用户可以对馆员的工作提出

---

① 臧玉英.图书馆用户权益保护问题研究 [J].农业网络信息，2008（4）：91.

建议与意见，对于问题也可以提出批评。具体来说，需要从两个层面对其进行分析。首先，从管理方面进行分析，用户与图书馆的工作人员是平等关系，都可以当管理者与被管理者；其次，从各种规章制度角度进行分析，尽量减少使用硬性的、命令性的语言，而要多采用一些富有引导性、情感性、便于接受的、柔和的语言。

（3）图书馆建筑和设施使用的平等权。在图书馆建筑和设施方面，应对残障人士给予应有的关爱，确保其正常使用。比如，图书馆内不仅仅要收藏普通书籍，还应该安排针对残障群体的盲文书籍，便于其查阅信息。再如，在公共场合要面向所有公民开放，不能存在有任何歧视性的政策以及设施限制使用等内容。

2.用户知情权

知情权，又被称为"了解权""知的权利"等。随着社会的不断发展，权利享有者以及享有方式日益多元化与社会化，信息发布者已经不再局限于政府机关，众多非政府组织，如企业和社会组织，均具有一定的社会信息与资源，从而具有能够随意支配他人的社会力量。它们对与其具有一定利益关系的成员，均应给予一定的公开的社会性质的公共事务。图书馆作为面向社会免费开放的文化教育类机构，收藏了大量的文献信息，其拥有对信息是否公开、何时公开以及公开哪些内容的权利。

图书馆的用户知情权主要是指该馆用户拥有的从图书馆中获取相关信息资源的权利。对用户群体而言，他们需要从图书馆获取与查阅自己想知道的一切信息，具体包括藏书布局、入馆须知、办事程序、借阅时限、违规处罚、借阅手续、开放时间等信息。图书馆有义务向用户群体公开其各类信息，包括来自用户群体的各类咨询，并且就有关的疑问给予答复与解释，从而使用户获取其想要的信息。无论是图书馆相关法律法规的制定，还是图书馆数字资源库管理方面，均应优先听取相关专家的建议与意见，对于那些不恰当的规定，应当给予及时的调整与修改，这既有利于用户行使知情权，也能减少工作中的失误。

3. 用户隐私权

《中华人民共和国民法典》（以下简称《民法典》）对于隐私权进行了详尽的描述，任何个人与团体组织不得对个人信息进行泄露、公开、刺探以及侵扰。只要是自然人，都享有隐私权。在《民法典》中对于公民隐私也给出了具体且详尽的概括。隐私就是个体不想被外界所知晓的关于个人的任何私密空间、私密生活、私密行为。一般的隐私是指个人隐私或者是我们通常意义上所理解的私生活秘密，与公共利益没有任何有联系的部分，主要是出于个体自身意愿，不想让其对外公开、公布的私事或者是领域、信息。用户在图书馆获取知识信息的权利应当得到尊重与保护，尤其是涉及的个人信息，更需要获得相应的法律保护。到图书馆借阅资料的群体比较广泛，其中包括学生、教师、退休职工、职场人员等，他们都是依据个人需求到图书馆内寻找不同类型的书籍，根据其所选取的书籍类型，可以从侧面了解该用户的相关信息，这时就会涉及与用户相关联的个人隐私部分。图书馆要做好用户个人隐私的保护措施，就需要注意以下几个方面：①用户的个人信息。包括姓名、性别、学历、年龄、通信方式等。②用户个人私事。具体内容涉及阅读行为、用户笔记、电子邮件、婚姻状况、下载以及检索过的网页、阅读过的书刊等。③用户的个人领域。具体包括政治背景、社会关系、健康状况等。以上信息均为个人隐私，需要受到法律的保护，不得随意窃取移作他用或是随意侵犯。

4. 用户信用权

我国第一部《民法典》中就明确规定了自然人与法人享有信用权，严禁通过各种形式侵犯用户的信用权，图书馆涉及的信用有用户信用、服务信用、管理信用以及制度信用等。此部分内容表明，征信机构在收集、保存、制作有关自然人与法人的信息资料时，应当尽可能地做到公正、客观。对于信用资料，应当做到合理且科学地运用它并依法公开。自然人、法人有权查阅、复制与抄录该机构中自身的信用信息，以此来保护个体的信用权益。用户信用是图书馆信用的重要组成部分。图书馆用户的法律信用、信息利用信用以及社会信用等方面的情况，可以借助其在使用图书馆的公共信息资源时所表现出的文明程度、信息行为、道德修养、信息品质、遵纪守法状况等体现出来。用户信用通常是以其在馆内的各种信用情况的综合表现所展现出来的，具体可以通过阅读借还书情况、书籍的文明使用情况等反映出其是否出现过偷书、撕书等情况，以此来建立图书馆用户的信息使用档案。比如，某一用户在借阅图书时没有按时还书，影响到后来者的使用情况，那么就容易造成他人使用利益遭受损失的情况出现。长此以往，便会形成不良信息记录，从而影响该用户日后的使用权益。如果说图书馆所使用的数据库是购置或者租用来的，在使用过程中出现了大批量的恶意下载行为，触犯了知识产权相关的法律规定，那么供应商便会考虑对该代理服务器采取停用手段，给其他用户的使用带来困扰。除此之外，随着图书馆之间以及文献传递的相关工作的展开，用户能够参照相关规定，双方履行彼此的职责，比如是否存在没有图书馆的批准，以及传递中任一文献停止申请，或是没有任一理由，用户便能够对相关的费用予以拒付，就应当计入图书馆用户的信用档案中，借由该信用的管理，可以减少图书馆中的无序流动状况，降低其信息流动的不确定性，确保绝大部分用户的合法权益受到保护，也为该馆的诚信服务提供一定的保障。

5.用户消费权

国内的图书馆，尤其是一个面向社会免费开放的社会机构组织，其服务对象范围较广，其服务的信息领域也较大，其性质也是国家出资开办的文化类的教育机构，维护图书馆正常运行的经费大部分来自国家税收，而这些税收来源是社会各行各业不同群体每年缴纳的税费。除此之外，绝大多数图书馆维护正常运作的费用，还有一部分来自借阅者每年办理借阅证的费用，这些费用都是用来维护图书馆正常运营的费用。所以，图书馆内的用户既是图书馆建设资金来源的提供者，也是图书馆的消费者人群，因此，图书馆的相关规定应当符合国家的相关文件规定，保障其用户可以自由地履行其应有的权利，具有监督服务费用支出以及检查媒介质量的权利，具有知晓服务内容与监督服务的权利。

（二）图书馆用户权益保护的主要途径

1.政府机构

其一，要建立健全执法机构。要想使得用户的合法权利受到法律保护，执法尤为关键。要做到"三公一严格"的执法，即严格、公开、公平、公正执法，维护法律的严肃性与权威性，一支高素质的执法队伍尤为重要。进一步明确职责，在执法过程中尽可能做到规范化与法治化，需要建立有关的执法监督机构，保障其执法的质量。

其二，要制定图书馆法，需要做到有法可依，确保用户的合法权益受到最大程度的保护。在制定图书馆相关法律的时候，需要考虑我国的基本国情，从而保障用户权益受到保护的重要因素。一部相对比较完善的法律，一定是能够对客体产生巨大约束力的，并且法律中规定的各项条款均能写明用户所享有的具体权利与义务。图书馆法的颁布与实施有利于广大用户群体的各项合法权益受到法律的保护。尤其是在其使用用户权利时受到阻碍或者一定的权益受损时，能够做到有法可依保障自身权利不受损害。

其三，需要主动进行普法相关教育。在进行文化市场整治的过程中，以及维护用户合法权益的过程中，积极进行普法教育活动，促使公民的法律意识不断增强。

其四，政府相关机构与部门要依法办事，自觉主动保护用户合法权益。

2.图书馆

其一，用户的合法权益应当成为图书馆制定相关服务方式与服务内容、规章制度的依据。要想做到"用户第一，服务至上"，就要从图书馆的各项规章制度的制定以及相对完备的服务设施上下功夫，最为关键的就是要时刻为用户的切身利益考虑。真正做到与时俱进，随时掌握与了解用户的所思所想。

其二，对于图书馆工作人员的行为，应当严格按照图书馆的规范进行严格要求，且需要树立起相应的法律观念。作为图书馆的工作人员应当以身作则，严格按照各项规章制度办事，知法、懂法、守法，不能区别对待不同的用户群体，应当做到不偏不倚，及时解决用户的任何问题与需求。

其三，图书馆的组织框架的设置应当合理，切实做到保护用户的合法权益，并设置相应的监督部门对其行为实施监督。图书馆作为文化教育类的机构，尤其是公共图书馆更应担负起对用户群体进行相关培训的责任与义务，切实维护其合法权益不受侵害。

其四，不断地增强图书馆的行业自律。图书馆的行业自律关键是要透过馆员的思想以及业务能力与水平彰显出来，要使用户群体的权益不受损害，就要提高图书馆的服务品质，而品质的提升源自馆员的奉献精神。一种是不畏辛劳，乐于助人的职业道德；另一种是对于先进科技手段的应用以及图书馆信息管理方面理论的掌握以及相应的业务能力。

其五，用户合法权益的保护还体现在馆内各类服务设施的配置方面。具体表现为借助多媒体、互联网、计算机等应用体系，实现用户高效且便捷地查询各类所需资料，并且可以完全做到文献的资源共享。

3.图书馆用户

其一，积极地履行义务。用户在享有合法权益的同时还要对相应的义务进行尽职尽责地履行。因为权利与义务历来就是缺一不可的整体，彼此相辅相成。用户作为合法权益的被保护者，同样需要做到将履行义务与权益保护彼此统一。

其二，要具有强烈的法律意识。用户出于对自身权益的合法保护，应当对各类法律知识有所了解，特别是对图书馆的相关规定熟暗于心，包括有服务内容、服务方式、图书借阅的原则与规定、各类设施设备的运用、藏书的分布，了解该馆的性质、任务与职能，只有对以上信息有所掌握才可以最大限度地保护自身权益不受损害。

其三，用户应当知晓如何保护自身的合法权益不受侵害。用户应当主动地参与到对图书馆管理工作的监督上来，对于其馆员的不良行为，用户能够借助正当渠道，向该馆及其上级主管部门提出建议与意见。

四、操作上加大组织管理力度

用户信息对于图书馆的发展建设而言至关重要，只有建立起相对规范且科学的用户信息系统，才能在最大限度上满足用户需求的同时，使图书馆也能得到发展，两者相辅相成，缺一不可。具体而言，只有当用户信息得到正常使用时，图书馆的服务水平以及运营水平才能够得到相应的提升。为了提升图书馆的服务质量与品质，用户信息系统应运而生。图书馆管理者应该从不同的层面对图书馆整体进行管理，包括人员、组织以及制度方面，制定出一系列符合要求的规程以及制度，并且将它们纳入图书馆整体管理系统中，而对于用户信息的管理，更加便于图书馆对用户群体进行详尽的分析与研究，便于下一步工作的开展。

第四章　档案馆数字资源建设与服务

第一节　档案馆数字资源建设

一、我国数字档案馆概述

（一）数字档案馆内涵界定

就像大众对档案的概念至今仍处在争议中一样，学术领域对数字档案馆的概念也没有定论。

早前，学术领域对于数字档案馆的定义还没有形成共识，有的专家称之为"数字化档案馆"，有的专家将其命名为"数字档案馆"。比如，于亚林指出："与以往的档案手工管理方式对比来说，数字档案馆主要是指以系统论等管理科学为导向，应用现代的管理手段与方法，主动采取较为先进的管理设备与技术，对档案管理以往的做法与方式实施改革，促使档案实现定量化、智力化、系统化、信息化，保存好档案，准确且迅速地提供档案的相关信息，为经济发展与社会进步服务。"[①]向泽红却认为："数字档案馆其实就是实现档案工作信息化、传统档案数字化、电子文件档案化，促使档案的管理信息内容由具体实物向数字呈现方式转变，促使档案的管理模式由以往的手工操作向现代的计算机管理模式转变。"[②]综上所述，可以看出，两者均采用直观描述的方式对概念进行诠释，所表达的内容即便由于视角不同而略有区

---

① 于亚林.机关数字化档案馆建设谈[J].山东档案，2005（3）：19-20.

② 向泽红.建立信息共享的高校数字档案管理模式[J].四川档案，2012（3）：38-40.

别，关键部分意思也差别不大，所以数字档案馆与数字化档案馆其实是同一个意思。

伴随着时间的流逝，对数字档案馆定义的学术研究也在进一步地深化。顾玉红从狭义层面对数字档案馆的概念进行了阐述："从狭义层面上分析，数字档案馆其实就是将某一独立的档案馆作为主体，对它进行信息化建设。具体表现为两个方面：其一，电子档案的管理、利用、收集与存储；其二，馆藏档案信息资料的数字化管理。"[①]2014 年，国家档案局发布的《国家数字档案室建设指南》中，有对数字档案馆概念最为官方与权威的一种注解："本指南中所指的数字档案馆，即机关在履行职能过程中，利用现代信息技术对传统载体档案的数字副本以及电子档案等数字档案信息进行了采集、整理、存储、管理，并且通过不同类型的互联网提供共享利用和有限公共档案信息服务的档案信息集成管理平台。"本书汇总有关数字档案馆定义的注解主要采用《国家数字档案室建设指南》中对数字档案馆的定义。

（二）数字档案馆的特征

其一，知识管理化。在档案知识传递过程中，知识的隐形性促使档案的价值不能被读者在第一时间运用到且掌握。在读取文件过程中，读者掌握知识，把它重新组织成为新的信息，并且在全新的文件中展现出来。其他读者能够借助全新的文档掌握隐性知识。如此往复，知识便慢慢积累起来。所以，若想在某一组织中高效共享与运用知识，就应当不断提高知识信息的转移速度，与此同时，保证知识在转移与传播过程中不被扭曲。而数字档案馆就是在如此关键的历史时刻诞生的。借助网络共享与信息的数字化，把照片、文件、视频与录音等多种信息源与信息载体在知识元素的前提下有机联系与组织起来，并且通过动态的方式分布，为读者提供服务，实现从提供档案到提供知识的转化。

其二，信息数字化。档案信息的数字化主要是借助高速扫描技术、数据库技术以及数据压缩技术等手段，把传统的纸质档案与媒体文献组成有序的整体。此为数字档案最为显著的特点。"互联网＋"时代在不断地颠覆与融合

传统行业，传统的档案管理模式也遭受到严重的质疑。在如今这个信息技术高速发展的时代，信息传播与处理方式的演变和电子档案的普及，使得档案馆把纸质载体的存量实现数字化，并且对全新的电子档案实施归档。所以，以往的档案馆向数字化档案馆的转变是历史发展的必然趋势。只有促使档案管理的运用环境发生改变，不断适应社会大环境的改变，国内的档案世界才可以做到与时俱进，不断开创全新的局面。

其三，网络共享化。电子信息快速、自由传播的互联网将会逐渐形成数字档案馆形式的办公环境。借助对互联网环境中不同技术的熟练应用，档案工作者与读者均能更加便利与轻松地获取和了解日益丰富的档案资料信息。不只是如此，因为信息技术的局限性，以往档案馆很难与其他部门与单位展开沟通，工作的环境也较为封闭，信息流通不通畅。数字档案能够借助局部网动态地查询分布在各个单位不同角落的信息资源，并且对它们实施再次整合，促使档案部门可以快速、高效地与有关部门或机构展开协作与沟通。数字档案馆还能够借助广域的互联网与分布在其他地区的档案馆实现资源共享，并且借助网络化的传播方式将资源连接到一起，便于读者随时随地地查阅。

二、数字档案馆建设

数字档案馆通过是否需要向数字化的档案馆移交本地的档案作为标准可分为两大类，分别是非进馆序列与进馆序列的数字档案馆。因为业务对接的数字档案馆与进馆序列的数字档案馆关系紧密，部分数字档案馆在建设规划的时候便考虑了将档案相关事宜移交出去。为了便利与规范，并且获得档案馆批准的情况下，把档案的数字化也归入其发展的进程中。例如，采取搭建进馆序列数字档案馆与数字档案馆彼此共享的档案信息资源内容平台，依照统一的工作标准、技术要求与文本格式实施档案信息的数字化，力求从根本上确保档案移交的高效率与标准化，当然绝大多数的进馆序列数字档案馆与数字档案馆的关系仍采用以往的业务指导模式。此外，数字档案馆与非进馆序列数字档案馆没有业务往来的交集，基本属于平行关系，在这里不再赘述。

（一）数字档案馆建设的必要性

互联网＋原本是互联网的升级版本，它是在知识社会中借助创新促使传统行业与网络彼此结合，从而融为一体，之后再发展出全新的社会经济新形态。在全新的环境与形势下，以往的基层档案相关工作已然无法做到深入挖掘其自身的全部价值，数字档案馆正日益转变传统的管理模式。

以往的档案检索查询工作量巨大，流程烦琐且工作效率低下，很难提供更优质的服务，而数字档案馆借助网络技术与计算机把档案原件与档案信息目录全部写入，并且一一对应，很大程度上提高了工作的便利性与准确性。以往的档案管理工作属于碎片化的，其管理人员需要经常跑腿，极易造成工作中的失误与分心，但是数字档案采用的是全程管理，档案管理的系统能够最大程度地发挥出计算机严谨的逻辑思维与操作技能，借助风险预警与常规提醒系统，高效防止档案工作出现差错。以往档案的仓库大多是人为管理，因为档案从业人员工作方面的疏忽，不可避免地对纸质档案带来一些无法挽回的损害，而智能化的数字档案馆之于仓库管理，能够实现湿度与温度的自动化控制，高效避免受潮、火灾等现象的发生。另外，数字档案还催生了信息资源实现数字化。把纸质文件转换成电子文件供读者使用，能够高效延长旧有档案的使用寿命。以往的档案馆因为原始文档具有唯一性，与此同时只能满足某一读者的需求，无法实现信息的共享，其利用率不高，但是数字档案的数据库不只有电子档案目录能够支持全文的检索，能够实现多人在同一时段运用档案信息，还能实现单位不同部门的信息资源共享。由于数字档案得天独厚的优势，能够最大程度地满足信息化的需求，达成与数字档案馆移交工作的无缝衔接。它承载着以往档案馆的档案信息资源的存储，信息资源的网络化与数字化，定期向馆内移交日常工作，若是该馆不够积极实施数字化改造，将不能对接数字档案的相关工作。

网络技术的运用很大程度上提高了档案工作的现代化水平，网络思维的碰撞更加吸引着档案从业者再次思考其管理的新原则、新理论与新情况。所以说档案事业的工作应该牢牢地把握住互联网＋时代所赋予的机遇，在网络搭建的高速发展平台之上奋勇前进，尽快实现成功转型。所以数字档案馆是该时代下档案基层管理的发展目标，是未来的档案馆向前发展的主要方向，是对以往档案馆的全力改造，可以说是"2.0升级版"的档案馆。其基层的业务机构是否可以跟上数字化发展的时代潮流，国内的档案事业是否与国际接轨，数字档案馆在国内的普及率是其中极为重要的一项参考指标。

（二）数字档案馆建设原则

数字档案馆的建设工作应该遵循信息资源为先，整体推进，标准规范，保证安全的原则，统筹规划，务求实效，积极实施。

其一，确保安全。可以说，数字档案是一个新生事物，其安全管理中已经暴露出众多未曾遇见过的问题。特别是在档案信息资源的数字化转变过程中，外包机构一定会接触到最为原始的档案。只有建立起严格高效的监督机制与合理的、完善的安全保障体系，才可以确保档案的外包人员不会损坏、复制与窃取文件。应该说，维护其信息安全是一项长期且正常的工作，要求档案从业者必须严谨细致，防患于未然，不惧烦恼与困难，坚持贯彻安全理念，绝不轻视与安全管理相关的一切问题。

其二，资源为先。数字档案馆的资源建设是档案馆建设的核心，为所属单位、机关提供相关的档案信息资源的服务是该项工作的根本出发点，为其不断地提供与积累档案史料也是该项工作的根本义务，所以，数字档案馆在系统制定与系统设计方面应该强调新的电子文档的有效归档与原有档案信息的数字化。数字档案馆尽管拥有最为先进的电子系统与设备，也只是虚拟的而非现实生活中的，很难为人民与国家提供更为优质的相关信息服务。

其三，标准规范。数字档案馆能否符合社会发展对档案相关工作的根本需求，达成该项工作的持续高效与规范，某种程度上源于数字档案馆在其建设中是否遵守与严格执行了统一的规范与标准。在办公网络化与自动化的环境中，众多的电子文档出现。对于电子文档归档的相关问题，可以说建立数字档案馆势在必行。为了配合该单位相关职能部门处理好信息的保障工作，在规划该馆建设的初期，需要与业务相关部门做好相应的沟通工作，进一步统一电子档案的标准，力求实现电子档案与电子文件的统一化管理。与此同时，数字档案馆与电子档案之间也有着业务方面的往来，所以电子档案应该尽量与数字档案馆实现统一的规范标准，防止电子档案在移交时发生格式不兼容的状况。

其四，整体推进。数字档案馆的建设工作并非一日之功，需要在资金、人力以及时间等方面彼此协调，这些均需要部门间统筹推进与统筹兼顾。在立项的阶段，单位的资金投入与管理层的政策支持是最为主要的。能够联系相关的综合性的档案馆，在信息化的建设领域寻求帮助与指导，是否可以获得当地政府部门的财政支持。在财政资金充足的情况下，可以通过外包服务，在很大程度上缩短其馆内的建设周期。在调研阶段，该馆需要结合国家有关部门发布文件以及本单位的行业特色与本地档案事业发展的具体规划，进一步确定其建设的具体内容与发展方向。在场馆的建设与实施阶段，需要具有系统性的眼光，科学地配置物力、财力以及人力，自身的工作与建设的过程彼此不受制约，与单位的其他部门需要加强沟通与交流。

（三）数字档案馆建设内容

数字档案馆的建设是一项系统工程，具体包括应用系统建设、数字档案资源建设、基础设施建设、保障体系建设，需要单位信息化部门、档案部门、保密部门与业务部门一起参与实施。具体建设内容框架如图4-1所示。

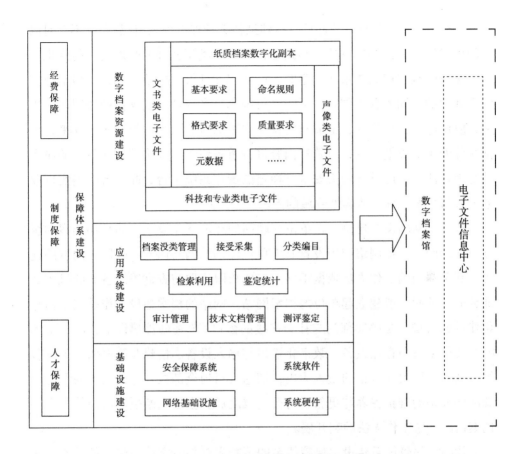

图 4-1 数字档案馆建设内容框架图[①]

其一，数字档案资源建设。就信息内容来说，档案的数字资源通常包括档案的全文数据库与目录数据库。当下，建设的重点与难点集中在前者。在其数字化的演变中，也揭示出众多问题，比如信息数字化的技术人力不充足、技术不够成熟、不够经济等。除此之外，值得一提的是电子文件的相互联系。应当确保此类文件的内容与源文件彼此匹配。否则，如果出现问题，便会被困在大量的档案信息中，短时间内根本无法给予修复。所以，应该从源头着手。在数字化的工作中，录入人员与扫描人员需要注意核对文件名与文件号，管理人员需要注意审核与验收环节。

其二，应用系统建设。原有档案馆一般采取计算机来仿照以往的手工作

---

① 丁鹤胜.我国数字档案馆建设新思路[J].档案学研究，2014（1）：12.

业方式针对档案的原件建立起计算机辅助档案管理系统[①]，该思路并不会对以往的档案管理理论提出挑战，却是处在对纸质类型文件的管理流程的模拟方面。在新的数字档案体系建立之时，应实现文件管理的统一化，把档案与文件管理中的不同流程当作同一系统进行统筹思考，把前段操控的作用凸显出来，应用电子文件形式，把旧有的程序规则的纸质版文件管理区分开来，依据文件的生命周期理论，对管理内容进行重新组织，并将其带入程序的应用系统中。此外，应挑选较为安全与稳定的操作系统平台，此平台应当实现业务关系与档案系统在兼容性领域的需求。

其三，基础设施建设。在单位互联网的环境下建设适宜的数字档案的服务与管理网络。该网络应当设置有本单位的局域网与内网，外网与内网的连接，其余部门的工作人员依据不同的工作权限读取与查询等级各异的机密文件数据，外网一般建立起单位的档案网站。网站的档案建设工作是档案信息化建设的关键，是档案部门与社会连接的窗口。[②]在硬件建设上，应该配置电子文件编辑与存储设备、数字化输出与输入设备、搭建互联网的相关设备等，其中需要关注资金的量入为出，切忌盲目地全部投入进去而不去考虑后续硬件设备的维护保养与更新，将会造成之后资金链的断裂，从而使得数字档案馆的日常工作无法顺利开展。

其四，保障体系建设。保障体系的不断完善是数字档案建设的关键。从传统意义上的档案馆发展到数字档案馆，促使众多之前的档案系统不再适用于当下。因为电子文件的出现，其逐步变成档案馆的中心信息资源。其一，数字档案馆无法脱离信息设备与通信网络的支持，所以通信设备的高效维护与互联网架构的标准化也同样需要档案部门制定出与之相关的制度实施规范。其二，好的人力资源管理体系人才至关重要。只有从不同方面引进高质量的优秀人才，不断挖掘其身上的潜力，逐渐形成稳定且健康的人才队伍，数字档案馆才能长时间且合理地运行。其三，单位的文件管理一定要进一步规范电子文档的归档管理，尤其是不断深化以及形成一套完整的数据存储格式、电子文档的时长、元数据等一系列的标准，依照国家相关部门颁布的相

---

① 王建华.浅谈档案信息化建设 [J].兰台世界，2015（5）：26

② 罗朝英.档案信息化建设应注意的几个问题 [J].黑龙江档案，2016（3）：100.

关标准进一步地细化。

第二节　数字档案馆信息资源服务

一、数字档案馆信息资源服务概述

（一）档案信息资源的特征

1.知识共享性

档案信息资源具有知识共享的特征。档案信息资源本身具有知识属性，其传递的内容包括权威性与真实性的信息内容。读者能够借助档案信息资源得到所需知识。与此同时，读者借助档案查询功能取得自身所需的信息，这对社会文化水平的提升起到重要的作用。共享属性是档案信息资源的又一特性。档案的信息资源间不存在竞争关系，借助档案信息资源取得知识的读者不会对其他用户的使用产生影响，也不会受到其他读者的干扰。[①]正是以上档案信息资源所展现出的这一属性，才使得更多的用户能够共享此档案信息资源。与此同时，档案部门也逐渐利用与开发该资源，建设区域性的资源共享，同时借助越来越多的共享行为，使档案借阅者获取越来越多的知识。

2.多样性

档案信息资源具有多样性。该信息资源包括从经济、科技、政治到文化，从国家、地区到个人等方方面面的内容。随着信息技术的持续发展，该资源也通过不同的载体出现，互联网技术促成了该资源的多样化，电子档案与传统档案并存。面对多元化的信息资源，大众的获取方式变得日益复杂。所以，从不同的资源中得到个体所需信息，需要旧有资源与信息技术的彼此结合，需要有关部门建立多角度、多层次的服务体系。总之，借助不同方式，便于大众更加便捷地查询与获取文件，为用户提供更加优质的文档使用服务。

---

① 饶圆.档案信息资源开发利用研究 [D].合肥：安徽大学，2005.

3.独特性

除了以上特征外，档案信息资源还具有独特性。该资源的利用和开发都与社会因素紧密联系。先进的科学技术，地方经济、社会的发展，文化与环境均影响着该资源的形成与发展。与此同时，不同地区的档案服务人员的业务能力存在差异，档案需求者的需求层次也存在着差异。上述因素均构成了档案信息资源的独特性，具体来说就是档案信息资源与地域特征有着密切的联系。正是这种独特性，促使该资源的开发利用与当地特色相互融合，从而形成了无可替代的档案信息资源。

4.潜在性

档案信息资源的潜在性与档案自身的价值不无关系。具体可以从两个方面展开分析：其一，档案自身具有双重价值，一种是档案的形成者本身所产生的原始价值，还有一种是形成者之外的其他个体与机构所带来的从属价值。笔者指出，此类从属价值从一定的侧面反映出档案信息资源的潜在性。形成者形成的档案会从某种程度上对各种不同的使用者产生影响，这是无法预料的。比如，档案信息资源所具有的情报价值与证据价值，具体表现为对于形成者以外所形成的潜在价值。其二，从档案的长远价值与现实价值两个角度进行分析，档案的潜在性体现出其档案信息资源的长远价值，例如，历史类档案最为重要的属性就是其潜在属性，借助社会的记忆为大众提供更多的研究与帮助。

还有一种现实价值表现为对现实所产生的影响。通常表现为使用者借助档案的相关信息资源传递信息来获取所需查询的内容。所以，在一定的环境下，档案信息资源的潜在性有着至关重要的作用。

（二）数字档案馆信息资源服务释义、特点、发展历程以及影响因素分析

数字化的不断发展带动了数字档案馆的信息资源服务。有些专家学者提出档案信息数字化通常包含两层含义。其一，从深层次的意义角度出发，数字化能够不断满足社会大众对档案信息资源利用的需求。其二，数字化资源在互联网软件与计算机技术的支持下，已被纳入新的服务体系。因此，在数字化不断发展的过程中，对相关资源服务的研究与探索日益增多，大众对数字信息化服务的需求也日益多元化。所以说，了解档案馆信息服务的不同类型与特点有助于对我国数字档案馆的信息资源服务进行更加深入的研究。

1.数字档案馆信息资源服务释义

数字档案馆信息服务是在信息技术不断发展以及档案馆对于数字信息资源方面研究的基础上产生的。在档案馆的数字化信息建设中，需要始终将使用者的需求放在首位，把信息资源服务当作使用者最根本的需求。在这个过程中便逐渐形成了数字档案馆。[①]

数字档案馆的功能既包括信息资源的利用、整理、存储、收集与保管的全过程，又包括让单一的馆藏实体档案实现数字化。可以说，数字档案馆的信息服务是基于信息资源的数字化，同时采取数字化的手段，为用户提供相关服务。具体来说，主要指的是利用计算机互联网技术展开档案信息的整理、传输、统计、利用、收集、保管、存储等活动，为用户便捷地提供相应的服务产品。

笔者认为数字档案馆的相关资源服务中的"服务"内涵广泛，不只是包括数字化的资源服务质量、服务理念、服务行为与服务环境等，还包括满足用户需求进行的服务。因此，要想满足用户多方面的需求，就需要数字档案馆具有综合性较强的服务内容。

2.数字档案馆信息资源服务的特点

（1）多样性。在互联网的大环境下，数字化的信息服务不只是在各行业乃至国家间扩展，而且也在向不同区域实现跨越式发展，从而彰显出多层次、多样化的发展模式。这样的模式更加凸显出数字化信息资源服务的优势所在，例如，其时效性高、广度深以及方便与快捷。[②]具体来说，其一，档案信息服务的对象多元化。伴随着数字档案馆的不断发展，档案馆正向着公共文化的服务机构转型。其二，档案的信息服务较为多元化。其体现在两个方面：一方面是档案资源本身的多元化；另一方面是档案信息的载体所体现

---

① 褚瑞霞.国外图书馆、档案馆的数字化及启示[J].枣庄师专学报，2001（8）：106.

② 伍娇玲.图书馆数字化信息服务中的行为规范研究[J].湘潭大学学报，2008（5）：7.

出的多元化。其三，采取的服务形式多元化。以往档案馆的资源服务主要集中在文献的检索服务方面，其具体的服务内容已经得到了丰富，用户可以在档案馆获取诸如档案咨询与推送等个性化与高水平的信息服务。如今，众多的互联网用户将会构成该服务的潜在用户与实际用户群体。与此同时，用户的层次也在不断丰富，具体包括有使用档案以及出于某种需要选择查询的各行业的用户。

（2）规范性。数字档案馆的信息资源服务具有一定的规范性。举例说明，国内颁布的档案法与此类的各项行政条款都可以对数字档案馆产生约束作用，尤其是在数字化与信息化高速发展的今天，无论是档案信息化的建设实施纲要，还是电子档案的归档与管理方法，均得到了进一步的完善。所以，档案馆的相关信息服务在其法律法规的约束下，具有极其严格的规范特性。就是说数字档案馆的信息服务应实施严格的规范与标准并且遵守国家相关法律法规，这当中就有不得泄露个人隐私，保护知识产权与国家机密等。①

（3）依赖性。数字档案的信息资源服务在准确、便利、快捷的同时，它的依赖性也是极为重要的。笔者认为，数字档案的信息服务不会脱离其他事物而单独存在。它需要建立在各种外部因素的基础上，具体有信息技术的支撑、档案从业者的管理水平、客观环境因素的作用、技能与素质等。针对此类要素，只有当现代技术被充分运用，且无论是在软件方面还是硬件方面的支持平台均存在的情况下，再配以工作人员高效的管理与运行下，才能够促使广大用户的需求在最大限度内被满足，促使档案馆内的各项服务管理更加到位。

（4）技术性。计算机技术的广泛应用使得数字档案馆的档案信息资源服务得以顺利开展。所以，现代信息技术是档案馆信息服务数字化的关键因素。无论是在数字档案馆的建设中，还是在其数字化信息资源服务中，均离不开各种数字化信息技术的支持。具体体现在数字档案馆的建设中需要传输、检索、交换、存储、采集等技术，在其服务中需要的现代化技术手段包括资源库技术、多媒体数据访问、云计算以及知识挖掘等众多现代化的技术途径。由此可见，信息技术的支持对于数字化档案馆的建设意义非凡。

---

① 谭玲培.信息资源建设：档案馆数字化的主体[J].湖北档案，2003（1）：24.

3. 我国数字档案馆信息资源建设服务的发展历程

数字档案馆信息服务经历了从档案信息化发展到档案数字信息资源建设，再到数字化档案信息服务的盛行的转变。全球科学技术的不断进步，影响着数字化建设的步伐。无论是西方国家，还是我国，在该领域的建设力度都在不断加大。借助一系列的数据研究，将数字档案馆信息服务的过程划分为三个阶段，即以数字档案馆信息资源服务推进阶段、数字档案馆信息资源服务起步阶段、数字档案馆信息资源服务发展阶段。

（1）数字档案馆信息资源服务起步阶段——以档案信息化发展为基础（20世纪70年代末至90年代初）

第一，以档案信息化为背景，是数字档案馆信息资源服务的初始阶段。在互联网高速发展的时代背景下，数字化也迎来了属于它的春天。由此，国内的档案领域也与时俱进，开始尝试如何通过计算机对档案实施管理。20世纪70年代末，我国包括中央档案馆在内的相关机构着手研究与实验如何借助计算机系统对档案工作进行规范与整合，大批量的计算机设备的购置为日后档案馆的信息化发展奠定了物质基础。1985年前后，我国有关部门陆续制定关于档案编目的各项工作标准与规定，并使之日益系统化，逐渐实现了档案管理数字化的普及。档案管理工作的信息化发展慢慢为数字档案馆资源服务提供了保障，也为信息资源服务的不断发展提供了专业支持与可能性。第二，对于档案的信息资源来说，20世纪70年代末期正处于恢复与整改时期。这种情况一直持续到1970年前后。时代发展至此，档案信息资源管理工作出现了停滞，受到特殊历史时期的影响，导致此前的众多成就以及政策全部被推翻，众多历史档案在这一时期被损坏或烧毁，给档案界带来了巨大损失。直到1979年前后，这一情况才出现了好转，档案工作再次回到发展轨道上来，各项工作得以恢复与发展。这期间召开了全国档案工作会议，从文件的出台到举措的制定，对档案工作的恢复提供了全方位的支持，此举也证明了档案工作的全面复苏。档案工作信息化的不断发展，促使其朝着正确的方向不断前进。

（2）数字档案馆信息资源服务推进阶段——以档案馆数字化信息资源建设为目标开展服务（20世纪90年代中期至21世纪初）

伴随着档案的信息化发展，我国档案馆的数字信息资源建设的步伐也在逐渐加快。以数字档案馆的信息建设作为关键目标，不只是停留在利用计算机进行档案管理的阶段，还有档案馆通过互联网这一先进科学技术展开的各类信息资源建设工作，比如档案录入的办公自动化，与档案馆发展相关的建设工作，利用数据库先进技术展开其运用服务。这其中一个较为突出的便是档案馆网站的产生。其网站的出现与发展，也是我国档案领域将档案的数字信息资源的建设作为新目标的关键。正是因为档案的信息化不断加快，其资源建设方面也不容小觑，可以说其信息资源建设的本质就是为档案信息资源服务的。比如，档案馆的部分网站随着内容的不断丰富，业务的不断拓展，其用户规模也在不断攀升，与此同时，档案馆与用户之间的联系更加紧密，这也促成了用户需求的及时满足，更加便于档案馆工作的不断完善，也成为档案资源管理的关键组成部分。所以，网站建设对于档案馆的信息服务数字化起到促进作用，正是因为该建设的迅猛发展，才使档案服务的重要性日渐显现。

（3）数字档案馆信息资源服务发展阶段——以"数字档案馆建设为目标，以档案利用者为中心"开展服务（21世纪初至今）

21世纪以来，我国互联网信息技术被广泛应用于各个领域，同样此类技术也被应用于档案馆的数字化建设中，促使档案馆的发展不断向前。这时的档案馆正在以不同的形式出现在大众视野之中，随着国家资金投入力度以及重视程度的不断加深，数字形式的档案馆随之诞生。21世纪初期，我国相关部门发布了关于档案信息化建设的相关文件，为中国档案管理信息化建设的发展指明了方向。国家对数字化档案馆的建设工作高度重视，并视其为我国档案馆建设工作中的重要一环。总而言之，伴随我国进入档案馆数字化的探索与建设发展阶段，信息资源服务在全国各地的档案馆内飞速发展，并在现代化的信息技术引领下，向着创新的方向不断发展，这个时期也意味着我国档案馆数字化建设正式步入"以用户为中心，以数字档案馆建设为目标"的关键时期。

4.我国数字档案馆信息资源服务的影响因素分析

（1）服务环境因素。数字档案馆的信息服务会受到服务环境的影响。环境因素有经济、教育、地域、政治、法律、文化等。环境因素是客观的，能够决定一切事物的发展，档案的信息服务也同样如此。所以，不可以忽视环境因素在其中的作用。我国档案馆信息资源服务受经济、科技等影响，所以在用户需求方面也会受到一定的影响。

（2）政治经济因素。伴随经济社会的不断发展，人们对于各类信息的需求量不断增大。数字化档案事业要保持正确的方向持续发展，那么就需要大量的资金支持。

其一，我国的国家政治制度形式直接影响着档案馆信息资源的利用与服务，尤其在深化改革后，人们要求信息透明化、公开化的呼声越来越高，希望借助网络平台来搜索国家相关的政策法规与文件。国家信息建设的具体内容包含档案馆的信息化建设，因此，要想加快档案馆的信息化建设，就要与国家以及地方的建设速度保持一致。

其二，任何事物的发展都离不开经济层面的支持。数字档案馆的建设亦是如此。有专家认为"档案工作的发展程度在实质上受到经济因素的影响"，可以说，关于数字化档案建设的体量以及其信息服务的发展速度均与资金的投入量有着很大的关系。

总之，数字档案馆要想获得发展，就要真正做到顺势而为，充分利用好环境因素对于发展的影响，由此才能获得最大限度上的发展。

（3）法律法规因素。一些专家认为："运用法律途径来规范网络环境，管理信息产业中信息服务的发展，是国际的发展趋势。"[①]数字档案馆发展的顺利与否离不开完善的法律体系。所以说，要想使数字档案馆的信息服务得到良好发展，就需要健全的法律环境为其发展保驾护航。

（4）历史文化因素。历史文化因素同样对信息资源服务产生一定的影响。具体表现在两个方面：其一，由于档案资源受到地域文化的影响，使其具有一定的地方特色。因此，地方档案的信息资源服务与当地留存下来的

---

① 赵雪.网络环境中文件、档案信息服务的法律问题与法规建设[J].山西档案,2004(33)：32.

历史文化遗产有着密不可分的联系，这就使文化保护工作显得尤为重要。其二，中国是一个拥有五千多年历史的文明古国，其留存下来的文化瑰宝数不胜数，这些文化宝藏的记录与流传方式也历经了甲骨文、竹简、纸质、数字化四大阶段。伴随社会文明的不断发展，其文化记录与收录的方式也随之发生了改变。因此，历史因素是档案的原本属性之一。怎样借助先进技术把档案馆的历史与其信息管理结合起来，把数字档案馆的信息资源发展作为独具历史文化底蕴的全新服务方向，是数字档案馆工作的重中之重。所以说，要抓住不同地域的文化特色，就要在丰富的历史文化基础之上建设特色馆藏，不断开发与弘扬档案馆信息资源的独特性。

二、我国数字档案馆信息资源服务实施策略研究

（一）优化环境条件

种好庄稼，离不开适宜的土壤。数字档案馆的信息资源服务要想得到进一步的完善与发展，优化环境是其至关重要的一环。

1.扩大资金支持

数字档案馆的发展需要各方的支持与投入。在已有的政策环境下，适时地运用经济的发展条件，可以为数字档案馆取得更多的资金。其一，数字档案信息资源的基金扩张要求培育档案用户在经济方面的认同。数字档案馆信息服务具有商业有偿服务及其增值效益的本质特征。借助一定的宣传，进一步转变服务模式，把数字化的档案服务增值价值迁移至档案用户，让大众接受数字化档案的经济效益与经济行为，促使档案信息获得社会的认可。只有借助潜移默化的宣传与实际行动，有偿档案服务与市场化相结合，数字档案馆的信息服务才能获取更多的资金支持，取得经济来源，从而实现长远的发展。其二，相关部门需要主动运用已有的经济政策，争取更多的财政支持。数字化档案工程的建设由政府协调、规划与组织，并提供政策与资金方面的支持。合理运用政策性资金支持与信息化建设的环境优势，从而争取到更多档案信息建设的资金份额。与此同时，借助数字化城市建设的东风，把数字化档案建设也一并纳入城市的信息化建设之中，按照既定的轨道，用以获取

更多的资金支持。其三,数字档案馆应该树立其成本效益意识。除获取财政支持外,数字档案馆资金的流通扩张也需要资金的合理运用。在数字化服务与建设中,借助妥善解决维护成本的分配比例、成本控制、产出与投入关系,从而寻求效益的最大化。

2.培植特色档案文化

历史文化因素能够深刻地影响某地区的档案信息。建设特色档案文化有助于增强数字档案馆信息资源服务内容的丰富性和针对性,可从以下方面进行特色档案文化的建设。

一是对开发和保护非物质文化遗产档案予以高度重视。冯骥才认为:"非物质文化遗产档案不仅包括纸质的东西,还有数据库、多媒体的东西,活的东西也是档案。"[①]也有学者提出,档案也属于一种非物质文化遗产[②],应得到充分的保护和重视。因此,数字档案馆应对非物质文化遗产档案适当地进行数字化处理,充分展现其不同的服务形式。在处理非物质文化遗产档案时,应遵照以保护为主,适当开发为辅的原则对档案文化进行传承。相关档案管理部门应加强对非物质文化遗产档案的编研和宣传力度,尤其应主动积极地参与档案数字化过程中对非物质文化遗产档案的调查与研究,并为涉及的非物质文化遗产设置对应的数字化名录,以数字化的形式宣传和传承特色档案文化。

二是建立特色档案数据库。依据当地的某一主题,科学地分类、处理、整合档案,形成特色鲜明的档案数据库,并以数字化的手段处理加工,使其在数字档案馆中以专题的形式展示出来。建立这种特色凸显的档案数据库,不仅实现档案信息资源的高度整合,还能将所属地区的文化及特色展示出来,吸引其他档案用户,实现社会记忆的传承。例如,青岛市建立的数字档案馆中就设有以"胶州大白菜""青岛啤酒节"等具有鲜明特色的专题档案检索,为数字档案馆形成特色鲜明的档案文化提供了范例。

① 吴红,王天泉.为流逝的文明建档——访冯骥才[J].中国档案,2007(2):24.
② 刘季英.从非物质文化遗产看档案[J].广东档案,2006(4):44.

3.提升档案网络安全保障能力

建设安全系数高的数字档案馆，提高其网络安全保障能力才能提供给用户更加优质安全的信息服务。

首先，我们应对此予以更充分的关注。组建安全队伍，配备监管数字档案馆网络的专业技术人员，建立完善的责任制，使数字档案的安全防护能力得以有效提高。数字档案系统非常庞大，必须有专业技术人员为其运行提供可靠的保障。因此，应从档案网络本身提升安全能力。其次，采取一定的技术手段保护其正常运行。密钥加密、访问控制、迭代技术、数字签名、防火墙技术等都是保护数字档案网络安全的可用手段。例如，访问控制包括属性安全控制、网络端口节点控制、网络权限控制、网络服务器安全控制、访问控制等，其中访问控制对档案信息的知识产权有一定的保护作用，可以保证隐私安全不泄露。又如网络传输中发送方与接收方之间通过密文传输的密钥加密技术。数字档案的发送方通过加密密钥进行加密，档案用户的接收方通过解密密钥恢复档案信息。在一定范围内同样受到保护的用户可以通过这种加密技术获取数字档案的使用授权。保护档案本身能有效避免发生侵权行为与非法侵占。因此，应对数字档案馆档案信息安全能力的全面提升予以高度重视，采取适当的技术手段进行时刻保护，全方位、多角度、多层次实施技术保护措施，为数字档案馆保障档案信息的安全。

（二）建立馆藏档案信息资源支撑体系

只有馆藏信息资源建立起完善可行的支撑体系，才能支持数字档案馆向用户提供各种信息资源服务。该支撑体系蕴含的馆藏数字化信息资源十分丰富，应推进数字档案馆逐步建立区域性共享机制，并对档案信息资源设置规范的数字化处理标准，实现档案信息服务技术进一步发展。在诸多策略的共同作用下，馆藏档案信息资源得以深入发展，数字档案馆信息服务建设因此获得了一定的优势。

1.丰富馆藏数字化档案信息资源

建立内容丰富、全面的馆藏数字化档案信息资源应满足以下要求：内容能够满足档案用户的各种个性化需求；有多样化的形式和科学的结构；具体的建设及对策要求，对档案信息资源的广度与深度进行适当拓宽和挖掘，增设多个门类，从微观层面加强档案信息资源建设。与此同时，还应对档案编研工作有科学合理的安排，开展更深化、更到位的档案服务方式，共同发展和完善馆藏数字化档案信息资源的建设。

（1）拓宽广度。数字档案馆信息资源建设，可从拓宽资源的广度来进行。首先，将资源开放的力度进一步加大。1979年，我国首次提出了开放历史档案的提案。之后，从我国国家档案局在1982年11月发布《关于开放历史档案的报告》到《各级国家档案馆开放档案办法》于1991年提出，相继有多个档案开放的法律法规出台，使我国的档案开放利用体系不断完善。这就要求有关部门定时修订档案的保密年限，及时开放有开放资格的档案，争取更大的档案开放力度，从广度与深度两个层面不断地丰富充实档案信息资源。其次，对档案的接收范围及时调整，对相关档案及时接收。为广大公众争取收录更多有使用价值和意义的档案入馆，并结合实际需要预先做好接收准备，对档案及时进行数字化处理，不以档案馆库藏面积作为评判档案接收的唯一标准。再次，增加档案接收主体。接收主体可以是国有企事业单位、党政机关以及人民团体，还可以增加家庭、私企、个人等。最后，以多样化的服务形式将经过数字化处理的档案传播出去，如图片、展览、视频等生动、丰富且与用户实际生活贴近的形式，使利用者的个性化需求得以满足，从而实现馆藏档案反映对象与形成主体的覆盖面进一步扩大，实现对馆藏档案信息资源内容更加深入的挖掘。

（2）挖掘深度。对当下已有档案进行深入分析，挖掘出在微观层面具有深度和细节的丰富馆藏，即为挖掘数字档案馆信息资源，增加馆藏档案的深度。研究发现，数字档案馆可以挖掘出能具体反映出某个细节的档案，并将之深化处理，再将其以数字化的形式呈现，特别是有关当地名胜古迹、历史文化以及民俗风情等各类地域性、民族性特色鲜明的档案，借此创造品牌数字档案，使数字档案馆得以进一步发展。挖掘形式也能体现具体的挖掘深度。数字档案可以通过全新的形式来挖掘微观层面的档案信息资源。比如，对某个社会重大活动进行全程追踪，将事件全程通过拍摄记录下来，还有对社会上几乎失传的民俗和曲艺进行主动地挖掘和保护，通过数字化形式从微观视角给档案使用者展现出更加深刻的内容信息。综上所述，数字档案馆在未来必须要掌握好挖掘馆藏档案信息资源深度这项技能。

2.做好档案编研工作，增加档案服务层次

在从深度与广度着手拓宽档案资源的同时，对档案做好编研工作，也是对数字档案馆的一种有效的丰富馆藏信息资源的方法。档案编研工作的开展对数字档案的开放与其档案信息资源的利用至关重要。为了对档案情况做出具体的编研，如图册、大事记等的编研，档案工作者开展编研时应充分考虑地域因素。另外，档案工作者还应对档案开展更深入的编研工作，提升档案服务层次。基于档案编研的初级成果，档案工作者应充分利用自身的智慧与知识，打造如立体电影、多媒体影片等更加高级的档案产品，做到贴近用户、形式新颖，积极向社会推出各类优质档案产品，促使数字档案馆对社会的发展产生更大的影响力。

（三）规范档案信息资源数字化处理标准

古语有云："无规矩不成方圆。"数字档案馆为用户提供档案信息服务时，遵循的第一要义就是在事前做好规范化处理，这同时也是数字化馆藏档案的必要环节。首先，在处理数字化档案信息资源时，应严格遵守国内与国际通用的档案文献分类标引、网络传输协议、数字化加工标准以及著录规则等。规范化的标准能够保障数字档案馆为用户提供合规合理的信息资源服务。其次，在馆藏档案进行数字化加工处理时，应制定具体的项目规范，使数字化工作规范进行。在进行数字化处理时，应在事前做好充分的准备工作，如相关预算标准、数字化场地的调研、人员配备、设备的选择、所需材料、相关培训等；还要在数字化处理的事中阶段做好详细全面的规范，包括确定图片的分辨率、选择合适的格式、调整处理图像的各种要求等具体内容。[①]例如，应遵循缩微胶片数字化技术规范 DA/T43-2009、纸质档案数字化技术规范 DA/T31-2005 等完成对档案的数字化处理。最后，应在数字化处理过程中的所有环节中实施控制与监督，监督内容包括：数字化过程中有无修改、添加或者缺页少页、操作人员是否严格按照规定要求执行、原件是否保护完整、

---

① 吕元智.档案信息资源区域共享服务研究[J].档案学研究，2012（5）：35.

与原件是否一致等。在向数字档案馆服务投入了数字化档案后，应以相关标准规范要求数字档案馆的信息服务。例如，档案服务应严格按照电子信息系统机房设计规范 GB50174-2008 来执行。

只有制定详细可靠的数字化处理标准，将其应用于档案数字化的全部环节中，才能推动数字档案馆的进一步发展以及完善信息资源服务。

（四）建立数字档案馆信息资源区域性共享机制

根据档案馆未来的发展趋势，可以看出，建立起一个档案信息资源区域性共享机制是必然的。在国家档案局办公室印发的《数字档案馆评估指标表（征求意见稿）》中，提到了针对服务管理支撑能力的评分细则，其中可以提供档案资源馆际共享的可以得到 4 分。可以看出，对于数字档案馆信息资源服务的评定，其馆际共享能力是极为重要的指标之一。所以必须要将档案信息资源共享服务的目标明确好，将顶层设计做好，以管理体系与共享服务平台作为基础，如图 4-2 所示，推动数字档案馆区域性共享机制的建立。

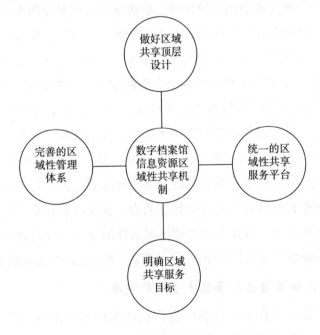

图 4-2　数字档案馆信息资源共享机制图

数字档案馆利用信息技术可建立其区域性共享机制，为档案信息资源搭建区域性联系，达到合理调度与利用档案资源的目的，以此更好地满足档案利用者的信息使用需求。广义层面的区域共享指的是在环境、政治或者经济方面存在某种共同性特征或存在某种内在的联系，或是利用需求及业务需求具有一定相似关联的区域范围。①坚持"可近性"原则，有助于从实际角度出发，解决有关档案信息服务方面的问题，统一需求，减少重复性建设。

在建立区域性共享体系时，应在明确建设目标的前提下，做出优质的顶层设计。顶层设计指的是对数字档案馆的区域共享信息资源进行详细的研究、规划和调查，即从整体层面为创造资源效益最大化进行的必然的战略设计，以此来整合区域内馆藏档案，提高馆藏档案的价值；建设前应先进行区域性、系统化的调查设计，做好具体详细的规划与细节设计，对当前区域内档案信息资源进行深入了解，挖掘潜在的利用需求；合理实施规划设计，将其进一步转变为实际，按详细步骤完成计划。

建立"统一共享服务平台"和"档案共享管理体系"这两个明确的支撑目标。在做出合理优良的顶层设计后，应将重点放在共享服务平台和管理体系的建立上，以此支撑数字化信息服务的开展。一方面，应统一规划和协调区域内的各个档案馆，对档案信息数字化资源的管理、标识、利用、检索、存储、服务内容以及法规政策等各个方面制定统一的管理标准和控制标准，从而有效避免同一管理区域内档案主体之间产生互不兼容的现象。另一方面，在建设完成合理可靠的管理规范体系后，应对区域性共享服务平台开展进一步的开发，强化对该项服务的技术研发，使其中的技术难题得到解决，从而将因区域性网络共享产生的各种网络隐患降到最低；与此同时，还应促进区域内服务平台提升自身的安全保障能力。在保障服务安全的前提下，推动不具有顺利运行和实际操作能力的区域共享服务平台的建立，最终建立面向用户、具有跨地区和跨馆共享体系、可满足多元化用户需求的服务平台。

（五）推进档案信息服务技术合理化发展

人们的生活、工作和学习都随着信息技术的不断发展而产生了巨大变化。在档案馆信息资源服务过程中，信息技术起到了支撑作用，若想要实现

---

① 刘永.网络档案信息资源的可近性建设准则研究[J].档案学研究，2010（3）：47.

档案馆信息资源数字化发展，就必须借助先进的信息技术。一方面根据以档案利用者为主的原则来发展服务技术。要尽可能地借助信息技术来促进档案服务方面的创新，推动数字档案馆的发展。当数字档案馆满足了档案用户多元化的需求之后，其信息服务技术才能基于此而逐渐走向理性化。[①] 档案服务必须要构建出理性化的服务技术体系。首先，要努力提升技术服务的能力。在人才、资金等多个方位进行部署，投入新技术，让数字档案管理服务进入技术服务领域。其次，要保证档案信息和档案用户之间的无缝对接，借助关联相似度对用户进行精准分析，掌握其需求。将网络技术、云技术、数据挖掘技术等先进计算机技术应用到数字档案馆中，将档案利用者作为中心，推动档案信息技术服务的快速发展。另一方面，应基于实际情况进行服务技术的更新。因此，首要环节就是结合当地经济、政治、历史、文化等诸多因素，找出或者研发出一套与其相适应的技术手段。之后再深入进行调研实践，对当地的档案工作者、档案馆以及档案工作等相关情况有了充分了解之后再汇总。[②] 档案信息服务应结合当地实际情况，合理开展，不能"盲目求新"，也不能"削足适履"，而应充分发挥技术手段的作用，推动档案服务顺利发展。

三、移动数字档案馆信息服务

（一）移动数字档案馆

移动数字档案馆是一种新型的信息服务平台，它以数字档案馆的扩展为创建的基础，再以当下迅速发展的多媒体技术、移动通信技术以及无线移动网络技术作为依托，通过电脑、手机等各种移动终端设备为用户提供快捷、便利的信息服务，如检索、下载及浏览数字档案资源，且不受时空的限制。移动数字档案馆在当今时代下营造的新的信息生态环境中，获得了平台给予的强大支持，无论是在服务能力还是功能上，移动数字档案馆都得到了前所未有的完善和提高，操作更加便捷简单，服务与功能使用的可触摸性更强。

在这种无线移动网络环境下，移动数字档案馆还可以通过丰富的公共性馆藏资源得到深化和拓展。IT技术与移动互联技术的有效结合也是移动数字档案馆的一大亮点，促进了数字档案资源的优化配置和重新整合，大大提升了移动数字档案馆的信息资源服务效率，用户可随时随地通过其获得人性化、即时的档案信息服务。随着科学技术的快速发展与变革，移动数字档案馆中存储的馆藏信息也在不断丰富，原本单一介质的信息载体逐渐转向多介质载体，服务内容也越来越具有主动性、时效性和针对性。

移动数字档案馆的建设不只是向移动平台上简单地迁移其服务系统、开放档案资源库、接收系统与档案门户网，而是在移动平台的基础上，研究开发可以为社会公众主动服务，可以让社会公众联合参与管理档案的，开发利用档案资源的新模式。

（二）移动数字档案馆信息服务的内涵与构成

1.移动数字档案馆信息服务的内涵

从前的有线网络现已在互联网技术的驱动下发展成便捷的移动"无线"网络，人们不再依赖台式电脑下载或浏览数字信息资源，各种便携的移动终端设备满足了用户随时随地接收信息服务的需求。在这种移动互联的环境下，移动数字档案馆依靠移动通信技术、无线接入技术和新媒体技术，通过移动终端向用户提供便捷的信息服务，而其服务的目标就是面向广大社会用户，向其提供不限地点、时空、文化、语言制约的透明、简单和易于使用的档案资源内容。因此，设定用户在使用档案信息服务时的各项需要为重要发展导向。通过微信、短信、APP、WAP等途径将整合起来的数字档案信息资源推送给用户供其自主选择使用，以便档案用户可以随时随地利用移动设备接受移动数字档案馆的各项信息服务，如信息浏览、信息利用、信息检索及信息下载等，为用户提供高效、及时、便捷的移动数字档案馆信息服务。

2.移动数字档案馆信息服务的构成

（1）移动数字档案馆信息服务者。指所有参与移动数字档案馆信息服务的人员，包括执行者、建设者、组织者、设计者、使用者、管理者等，也可以是由这些参与人员组成的档案信息服务主体。档案信息服务质量取决于在移动数字档案馆中工作的档案服务者的基本素养。移动数字档案馆的建立是对传统档案馆档案信息服务的一次全面革新与升级。移动数字档案馆对传统档案馆的信息服务者来说则是工作上的新挑战。伴随技术与知识对信息服务的重要性的日益提升，档案服务者也迎来了更高的工作要求与专业素质要求的标准。

（2）移动数字档案馆信息服务技术。科学技术带领一众领域快速发展，档案工作领域也因此获益。高科技技术为开展用户档案信息服务提供了强大的支持，档案资源载体由此改变，各种载体以多样化的形态将馆内丰富的信息资源展示出来。例如，应用多媒体技术、数字化技术等，可以将纸质文献资料与实物档案转化为高清视频、高清图像及电子文档等，为用户提供多样且丰富的档案信息服务，既达到了向用户群体展示档案资源的目的，又实现了档案信息资源传播途径的拓展，而这一切，都必须在技术平台的支持下才能进行。随着移动互联网技术的发展，使用便携的各类智能移动终端设备也可以随时随地地使用馆内的数字档案。在技术手段更加成熟的同时，移动数字档案馆的信息服务也走向了更高水平，更加全面的未来。

（3）移动数字档案馆信息服务资源。移动数字档案馆向用户提供信息服务时，用户直接使用的对象就是馆内丰富的信息服务资源，服务质量的好坏也会在很大程度上受到信息资源使用情况的影响。起初，档案馆最基本的功能就是保存功能，保存和传递真实文献资料。其次是利用功能，也叫作情报功能。档案馆的价值就在于其保存的各类馆内档案信息资源，其衍生功能也因对资源的各种使用需要而产生。因此，无论是何种形态的移动数字档案馆，还是传统的实体档案馆，都是因为档案信息资源而存在。用户可以使用移动终端设备中安装的档案馆 APP，访问档案官网或者直接进入实体馆，接受档案馆的信息服务，获取充分的档案知识与信息资源，而这一切活动都离不开馆藏的支持。因此，档案馆始终将馆内档案信息资源的填充与建设作为重心，在以用户需求为导向，建设具体化的档案资源内容的同时，还要不断丰富馆内储藏的数字信息资源。

（4）移动数字档案馆信息服务方式。用户与档案信息资源之间依靠移动数字档案馆提供的信息服务相联结，多样灵活的服务形式会留住更多用户，为用户的持续使用提供保障。将档案服务面向大众，信息服务会因受众群体的扩大形成更高的社会性，而移动数字档案馆内的技术、文献、档案信息、人力等各项资源的展示都需要通过档案移动方式来实现。通过形式多样的档案信息服务，用户对档案信息的各方面需求通过高质量的档案咨询利用服务获得了满足，移动数字档案信息服务也由此提升了效率。推广移动数字档案馆加大其投入使用，同时受用户高需求的影响，档案馆运行系统也会得到进一步升级，其信息资源服务方式也会因此而不断完善。

（三）移动数字档案馆信息服务的特点

1.服务手段的移动性

移动数字档案馆需要在移动终端设备的基础上向用户提供信息服务，具有移动性的服务手段是其最显著的特征。不仅人类获取信息的途径与方式被无线网络简化了，人类的生活方式也因其发生了改变。档案用户可通过无线网络突破时空的限制，使用移动设备对档案信息资源进行检索与获取。即使在行进途中或者出门在外，用户也可以使用便于携带的移动终端设备对所需档案信息进行查询、获取、浏览。让用户的5A需求（即地点、时间、任何资源、任何用户、从任何档案馆中检索查找资源内容）得到满足，才能真正实现档案资源随时随地的使用效果。

2.服务空间的泛在性

移动终端设备在人类社会快速普及，与人们的日常工作与生活快速融合，逐渐成为人们工作生活必备的物品。用户只需连接移动互联网，就可以通过移动终端设备接受移动数字档案馆提供的信息服务，这样，人们在日常生活中的空闲时间都被信息填充。在移动互联网的作用下，人们对档案信息资源实现随时随地、高效地利用，移动办公得以实现。随着移动数字档案馆与人类需求的不断融合，其信息服务空间日益显露出泛在化趋势。

3.服务需求的精准性

随着移动终端设备的广泛普及，用户会使用自己的移动设备从网络中搜寻查找需要的信息资源，而移动数字档案馆中的档案服务者可以通过获取用户固定设备的相关信息，利用定位技术，清楚地了解用户当前的信息状态或目标位置，从而为用户提供个性化的服务方案。

移动数字档案信息服务机构具备再生功能，即对用户的各项数据进行分析，向用户提供更加精准、指向性更强的信息服务，使用户对档案信息的各项使用需求得到满足。

4.服务内容的个性化

移动数字档案馆信息服务的内容都是数字化形态的，以数字形式呈现给用户。馆内的所有档案信息都需要通过网络，以多媒体的形式展示出来。用户只需建立并管理个人独立的信息板块，就能实现与网络信息资源的互连，完成个人账号的注册，就可以根据自己的需求拥有"我的移动数字档案馆"。依据自身的兴趣和需要，就能自主定制或者选择各类档案信息。平台也会结合用户的需求为用户提供个性化的信息推送与提醒服务，以此来强化用户的利用黏性和自主性。

5.服务信息的知识化

移动数字档案馆对深入挖掘、整合与加工档案内容十分重视，以向用户提供更高层次的知识化档案信息产品作为主要目标，以向用户提供增值化档案服务为主流趋势，并致力于开发更具创新性的档案信息知识产品，向用户提供更优质的选择。随着信息服务产业在当今社会的快速发展，档案产品只有更具知识化特性，才能推动档案服务机构在激烈的信息市场竞争中占据优势地位。

6.服务设备的便携性

移动数字档案馆、台式电脑等传统信息服务终端提供的信息服务有很大差异。前者相较于后者的优点是，只需要用户具备可与网络连接的移动终端设备，如便携式电脑、智能手机等，就可以向用户提供相应的信息服务。而且在现今市场上，移动设备的类型非常丰富，大多具有负重轻、外形小巧和携带方便的优点。

7.服务交流的社会性

档案服务者与用户之间通过移动数字档案馆提供的信息服务不断进行实时交流互动。用户不仅可以对档案内容进行浏览与应用，还可以进行在线评论，向其他社交网络平台（如 QQ、微信等）分享其认为有推荐意义或价值的内容，促进了档案信息与知识的传播。

（四）移动数字档案馆信息服务的运行环境

1. 信息服务环境的融合

互联网技术、多媒体技术和移动通信技术相互渗透、相互兼容，将三者整合，便可打造全新的档案信息服务环境。用户可以通过网络与移动终端设备的结合，使用通信、看视频、上网等功能。

与以上三项技术相对应的用户信息行为、信息传播方式、信息资源内容等为档案信息服务带来了整体性的变革。例如，以往单一的数据、图片、汉字、语音形式的信息内容变成了如今的多媒体信息。移动数字档案馆作为信息资源服务的一大提供主体，要应对信息环境的种种变化做出及时分析，与新的服务环境相适应；对用户所需的服务品质、资源内容等有充分的了解，向移动终端扩展数字档案信息资源服务；使移动数字档案馆始终有良好的信息服务状态，跨越时空的限制实现档案信息在各个用户群体之间的共享和交流。在未来，移动数字档案馆将会有更加多样化且先进的服务环境，这些档案信息资源甚至可能以 3D 或 4D 的形式向用户展示，带给用户极强的空间体验感和更加愉快生动的感官体验效果。

2. 移动用户信息行为

移动用户指的是直接接受移动数字档案馆提供的信息服务的对象。在当今经济时代，用户的分量越来越重。可以说，只要对移动终端用户的各项需求有明确的了解，就能真正领跑移动信息服务。分析与研究用户需求对于整个档案领域来说非常重要，且已有多个研究成果产生。

移动用户不同的行为状态对移动数字档案馆开展具体的信息服务有着重要的意义和价值，具体表现在以下方面。

（1）用户搜索信息行为。随着互联网的迅速发展，移动终端得以快速普及，时空因素无法再对用户使用移动终端查询以及利用档案信息造成影响。

（2）用户浏览信息行为。指用户为了使自身利用信息的多样化需求得到满足，在网页超链接结构中自由浏览不同节点中不同信息内容的行为。

（3）用户选择信息行为。通过搜索、浏览信息环节得出对信息的比较结果，再根据自身需要筛选符合条件的信息。

（4）用户使用信息行为。对资源内容进行筛选后，用所获得的全部资源内容与用户自身经验知识相结合，解决现实生活、工作与学习中的各种问题。

移动数字档案获取用户信息行为的各项数据的渠道有多个，对这些数据构建全面的数据库，利用数据库技术对用户行为信息进行挖掘、管理和更新，为不同的用户行为提供更加有效且具有个性化的档案资源服务。

3. 新型的信息接收移动终端

目前，常用的接收信息的移动终端设备有便携式电脑、智能手机、电子浏览器等，种类繁多。相对来说，智能手机更加小巧，便于携带，但待机时间短且屏幕小也是其缺憾，长时间使用不仅需要持续充电，还会造成眼部疲劳；平板电脑相较于手机具有屏幕大的优势，但用户通常使用平板观看视频、操作游戏或进行其他商业行为，并没有将之作为主要的阅读、学习工具来使用；电子阅读器的阅读功能较为常用，另外还具备接收和查询信息的服务功能。智能手机在技术的发展中不断更新换代，屏幕越来越大，功能越来越全，与用户需求的适应度越来越高。其他移动终端设备也会随着固定台式电脑的革新实现软件功能系统的同步更新，各种移动终端设备将会变得更加人性化和先进，为用户提供更全面的档案信息服务。

4. 不断升级的移动通信网络

从传统运营商提供的 1G、2G 网发展到 3G、4G 甚至 5G 网，还有以 Wi-Fi 为支撑的 WLAN。移动通信技术在不断升级换代，网络传输与通信的速度问题得以解决。例如，5G 时代中使用智能手机只需要几秒的时间就可以下载完成一部电影，上网的成本也逐渐降低。各大高校设立的校内无线局域网，让校内师生在科研、教学等方面的各类信息需求都可以得到满足，就是一个好的范例。人们使用移动通信网络可以随时随地地享受信息资源服务，档案受众也获得了更好的服务效果。平台系统的稳定性也将随着技术的完善成熟逐步提高，网络崩溃或者卡机现象将不再影响用户。网络平台的不断改善升级，将提供给用户更好的信息服务体验感，提高用户满意度，为移动数字档案馆在互联网环境下顺利开展信息服务提供了良好的平台基础。

四、个性化服务模式的构建

（一）搭建基于网络互动的三维服务互动交流模型

档案馆可向用户提供检索、借阅、参考咨询以及查找等个性化服务。大数据环境可以收集并分析档案馆用户的借阅历史、个人信息、浏览记录等多项数据，分析出用户的偏好和兴趣，从而为不同的用户定制个性化的信息服务。这种服务形式的重点在于对用户数据的收集和处理，再利用档案馆中丰富的信息资源，制定个性化的知识服务。大数据技术与其内涵可以有效推动档案馆构建个性化的信息资源服务平台，建立用户数据库，开发档案馆信息资源，充分发挥档案馆在信息服务方面的主体作用。移动数字档案馆构建个性化信息资源创新服务的模型可参考以下几个方面：在网络互动的基础上，搭建个性化的档案馆信息资源服务平台，为档案馆构建用户数据库、信息服务机构及档案馆信息资源三者的三维思维模型，如图4-3所示。

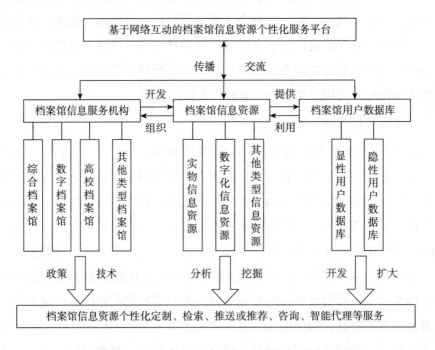

图4-3 档案馆信息资源个性化创新服务三维思维模型

根据上述分析，要想创新档案馆信息资源个性化服务的方式和水平就要做到以下几点：

1. 档案馆信息资源应具备明确的个性化创新服务主体并将之扩大。首先，在对档案馆信息资源打造个性化服务时，应明确个性化服务主体无论是数字档案馆、高校档案馆还是综合档案馆，抑或是其他类型的档案馆，都应有明确的用户群和定位，对自身服务系统进行经常性的安全隐患评估，向档案馆个性化服务中融入智力资本（档案馆具备的非货币性的、无形的独立性资产），促使档案馆对用户信息的保护能力与个性化服务水平得到提高。其次，档案馆有很多种类型，推动包括专门档案馆、城建档案馆等各种档案馆不断扩大信息资源个性化服务的范围和主体，促进其业务的拓展，提升档案馆个性化服务的整体水平。最后，充分利用大数据技术，通过微信、微博等新媒体手段，进一步推广和宣传档案馆信息服务机构提供的各种个性化服务。

2. 要有基于行业自律的意识。一方面，要推进档案馆不断完善规章制度，就是要对各种类型档案馆中的管理人员及部门提出规范化的行为要求，其中对档案馆管理人员在具体工作中，如对用户个人信息的保护与提供个性化服务等方面的义务与责任，制定标准可行的行业服务指南，将因行业指南和制度不完善、不合理导致的用户信息泄露及个性化服务不到位等问题从根本上消除。另一方面，对于管理人员的素质与能力，档案馆应积极尝试灵活使用各种措施使其提高。档案管理员不仅要遵守基本的职业道德规范，还应从以下几个方面提高自身的素质与能力：（1）学习相关法律知识，强化法治观念；（2）加强信息安全技术培训；（3）熟练掌握个性化创新服务所需的相关技术能力。

3. 在档案馆中应谨慎使用新方法、新技术和新理论。保密性是档案馆的必要属性，如发生信息泄密或档案丢失，都可能造成非常严重的后果。因此，在新方法、新技术、新理论尚未达到成熟的应用阶段时，应对其谨慎使用，但也不必对此完全排斥，在有适当的使用方法和可以保证技术安全的前提下，可以借鉴相对成熟的理论。

（二）档案馆个性化服务用户心理和行为分析

近年来，以用户为中心的信息资源管理思想逐渐渗透到档案馆的个性化服务中，信息服务机构也将大数据作为发展个性化服务的一项热门研究内容。借此趋势，档案馆利用大数据环境带来的优势，不断强化其个性化服务中对档案馆用户的研究，并以此为基础进行用户数据库的创建。档案馆要想为用户提供更有效的个性化信息资源服务，就需要对其用户的个性需求与特征有及时的了解和全面的掌握，进而使服务策略的制定更加有效。

1.对档案馆用户信息资源个性化需求的行为与心理分析

档案馆在大数据库提供的数据支撑上对其用户的心理与行为作出了研究和分析，该数据库可以收集、挖掘、计算和过滤大量的用户数据，从心理与行为两个方面总结用户的特点。数据库对用户进行匹配、分析、定义、判定的过程，也是档案馆从发现到掌握用户对信息资源利用习惯的过程，还是潜在档案馆与实际档案馆信息资源个性化需求匹配的过程，是个性化服务提高准确性的重点。可以通过以下两种方式对用户各种类型的个性化信息需求进行分析：一是收集用户提供的信息；二是利用数据挖掘技术对用户利用信息的行为进行跟踪，从而对用户的个性需求与特征进行分析。

2.创建具有用户反馈机制功能的档案用户数据库

充分运用数据挖掘技术，创建动态变化的用户数据库，并以档案馆的内容与其用户的特征建立模型。首先，应构建用户数据库，将实现数据挖掘目标所需的各项数据与挖掘收集的档案信息保存其中。其次，分析整合档案用户数据库，对其中的数据信息进行清洗、转换、抽取等流程，并结合实际情况选择恰当的算法。再次，为了结合用户个性化的信息需求，向其提供精准预测性或描述性的知识，应建立可视化且具有强大输出功能的数据挖掘模型。最后，对模型进行评价，得出验证结果的反馈，即收集档案馆用户的使用体验反馈，从技术与系统两个方面优化个性化信息资源。对数据的挖掘需要多次反复收集、反馈信息。因此，用户数据库是时刻发生变化的，它会随着用户需求行为的改变而发生动态变化。

3.开发和利用档案馆信息资源

对档案馆的信息资源进行开发和整合。档案馆中的馆藏信息资源十分丰富，以馆藏为依据进行档案馆信息资源的开发有助于更好地开展个性化信息服务，可从馆藏与用户这两个方面着手对档案馆信息资源进行开发。依据个性化服务要求与个性化信息需求，整合档案馆信息资源的过程包含对档案馆的技术整合和信息资源整合两个方面。整合档案馆信息资源指的就是按照一定的要求编排重组不同档案馆的馆藏，将之构成有机的整体，便于用户检索与应用。强化数字化手段对档案馆馆藏文献的处理，建立档案馆信息网络与数据库，科学管理与合理配置档案馆信息资源，实现档案馆信息资源的系统化、标准化、网络化、数字化建设，使不同用户的不同信息利用需求得到动态性满足。整合档案馆信息资源技术实际上就是使用多种技术元素开发与利用档案馆信息资源的过程，技术与馆藏资源相辅相成，缺一不可。

4.基于知识管理和服务的档案馆信息资源建设

开发信息资源使用的知识管理和服务是一种成熟化的方法。立足于知识管理与服务的层面上，进行档案馆信息资源库的建设，使为用户提供有序化的档案馆信息资源得以实现。在档案馆信息资源库中，按照相同的类别编排重组信息资源，可以推进档案馆个性化知识信息服务系统的建设，实现新信息资源库的建立。在实现智能化、个性化知识服务重组的过程中，档案馆信息资源也在进行共享与整合，基于信息的整合可实现动态化重组与更新不同档案馆用户的信息资源。

5.重视档案馆员隐性知识的开发

档案馆员在向用户提供信息资源服务和完成档案馆各项工作的过程中，展现的对个性化信息资源服务中，应对技术问题时灵活处理的方法、水平、智慧、经验以及面对新鲜事物时的反应和接受的速度等，就是档案馆员的隐性知识。这种隐性知识的格式与表达方式并不固定，不易记录或向他人传递，只能通过领会感悟获得。因此，档案馆员呈现其隐性知识的方式具有多样性特点，涉及层面广。开发、挖掘、运用档案馆员具备的隐性知识，实质上就是管理与利用档案馆的资源、人力、财力与物力，重视对档案馆员隐性知识的充分利用与开发，促进其隐性知识显性化呈现，是档案馆向用户提供个性化信息资源服务的基本方法和重要途径。

6.探讨以档案馆信息服务平台为依托的模型

在组织和深入挖掘档案馆信息资源，整合不同路径与形式产生的、合理构造的计算机技术产生的数据基础上，为档案馆信息资源搭建应用便利且资源丰富的服务平台，建立相应的数据库管理系统，配备个性化的查询、检索功能。档案馆用户多样的个性化信息需求及档案馆的个性化信息服务难以通过未经开发组织的或海量的档案馆信息资源得以有效满足和实现，但档案馆信息资源在经过开发与不断丰富之后，就可以实现个性化信息服务的开展。

7.发挥不同理论和技术在档案馆信息资源个性化服务中的地位和作用

（1）跨学科研究。各个学科相互关联，现代社会学科之间具有多样化的关联。接受并满足用户个性化信息资源的需求，对档案馆信息资源进行整合，再利用档案馆的个性化信息资源服务平台将整合好的信息资源传递给用户，为用户提供个性化信息服务的完整过程就是档案馆的个性化信息资源服务。在这一过程中，可运用社会学对档案馆的个性化信息服务做出理论探讨，促使档案馆个性化信息服务提高对社会的影响力；利用心理学对用户的个性化需求与特征进行研究，可促进用户群的扩大；用知识管理手段对档案馆的信息资源进行组织与开发；利用传播学可以对档案馆信息资源的传播与流通进行科学探讨；档案馆信息资源的发展趋势与个性化信息服务可运用计算机图形学实现可视化转变；等等。将实践与用户的个性化信息服务需求相结合，开展交叉学科的理论探讨与跨学科研究，推进档案馆个性化信息资源理论基础的不断拓展，将之设定为未来的一个研究方向。

（2）运用新技术。新技术在当今时代环境下层出不穷。运用新技术是档案馆未来发展个性化信息服务的必然趋势，基于对保密档案的尊重与保护，运用新技术促进档案馆信息资源的开发，可有效、快速地满足用户的需求。在档案馆个性化信息服务中应用新技术应注意以下问题：一是维护已开发的信息资源与保密档案的信息安全，确保其可用、可读，不易被更改或丢失，慎重选择技术的运用，运用稳定成熟的技术；二是保护用户信息安全，不为盈利将用户个人隐私出卖给商业机构；三是加强著作权在档案馆提供个性化信息服务时的保障作用，在便捷快速的网络环境中，不得使用新技术对档案馆信息资源著作权拥有者的合法权益造成侵害，或者伪造滥用其著作权，要在合法的范围内使用新技术。

第五章　档案馆数字资源的信息安全

第一节　档案馆数字资源的网络安全

一、数字档案资源安全概述

（一）数字档案资源的特点

要想保证数字档案的安全，就要对其特点有所了解。随着信息技术的飞速发展，数字档案应运而生。因此，只有在掌握了数字档案特点的前提下，才能更好地对其管理要求和任务进行完整的把握。数字档案相较于传统形式的档案，具有以下几个明显的特点。[①]

1. 信息的非人工直读性

人们对于信息的记录，由最原始的龟甲兽骨、竹简、丝绸转变为使用最广最久的纸，这些传统的记录信息的形式都是可以直接被人工识别的。而数字档案相较于此有着很大的区别，数字档案是由 0 和 1 组成的代码，不能被人工直接识别，而是要在数字设备的处理后，经过计算机的转换，将代码转换成人工可以直接识别的形式，如声音、文字等，才能被识读出来。

2. 数字环境的依赖性

只有在特定的数字环境下，数字档案的价值才能得到体现，并永远留存下去。如果没有数字设备，数字档案的内容将永远得不到展示。另外，在管

---

① 金波，丁华东.电子文件管理学 [M].上海：上海大学出版社，2015：25.

理数字档案时，也要在计算机和与其有关的硬件、软件的环境下才能实现。否则无法对数字档案进行操作，就更谈不上对其进行管理了。

除此之外，随着科学技术的发展，硬件产品开始不断迭代，有很多老旧的存储介质被淘汰。这时，人们就要注意及时把将要淘汰的介质中的内容尽快转存到新的存储介质中。而且，如今也出现了很多先进的数据库系统和应用软件，我们也要注意把数字档案的旧格式转换成新的格式，这样，数字档案才能和新的软件或系统进行兼容，从而顺利地呈现数字档案的内容。

3. 信息与载体之间的可分离性

传统档案中的信息通常是固定存在于一种载体中，它和载体共同组成实体，难以分割，在工作实践中，载体安全才能保证信息安全。而数字档案里的信息是可以随时改变其物理位置的，它不用只存在于一种载体中。对于信息一致的数字档案，它可以在相同的时间处在不同的载体中，而且它在计算机中的地址也可以随时被修改或者转移到别的存储介质中。还可以通过网络流传到各个地区，甚至被篡改、伪造等。由此可见，数字档案的信息具有独立性和流动性。

4. 信息的易变性

传统形式的档案在记录信息时其顺序是固定不变的，并且在记录完信息以后，其内容是不能被轻易改变的。而对于数字档案的内容，我们可以轻易地对其进行增添、修改、复制或删除，也可以在文章中插入表格，还可以对自己编辑过的内容进行撤销。

5. 多种媒体的集成性

多媒体技术的应用，可以同时处理多种信息，如文字、声音、图片、视频等，信息的内容不再单调，其呈现形式也变得多种多样。在多种形式的使用下，数字档案可以形象地阐述历史，从而使描绘与记忆社会事件的功能得以增强。尤其是将网络通信技术与多媒体技术结合之后，使得线上传输和线上查找功能得以实现，使数字档案的价值得到充分地实现。

6. 信息存储的高密度性

在存储密度方面，传统的档案存储远远不及数字档案。数字档案可以通过新的存储介质，在存储时占用极小的空间。同时，为了在传输、存储和处理上更加方便，还可以利用压缩功能使存储的密度再次提高。比如多媒体信息有着巨大的数据量，我们就可以利用压缩的手段使数据量变小，而且，这样减少数据量的压缩方法一般具有可逆性，信息可以在解压的操作下迅速恢复原状。

7.信息获取和传输的便利性

一方面，数字技术在不断进步，人们越来越习惯通过网络来获取所需的资料信息。利用计算机经过简单的操作就可以实现高速度的查询和通信，对公开的数字档案进行查询，使用户在档案的使用上更加便捷。另一方面，目前数字档案的载体不断更新换代，人们可以随身携带存储设备，然后随时轻松地转移数字档案，人们在线下传输和获取信息时更加方便，避免了传统档案带来的诸多不便。

（二）数字档案资源安全的内容构成

基于数字档案自身以及在管理方面的特点，我们可以看出，就像人们无法离开自然环境去生存一样，数字档案如果离开了数字环境，也就没有了任何存在的意义。所以，在内容的构成上，不能只考虑数据的安全性，数字环境的安全性更加重要，也就是系统和网络平台是否具有安全性，因此，要在管理上将两者的要求与目标加以整合，从而为数字档案资源的安全性提供保障。

1.数据的安全

数字档案数据的安全主要包括数据的真实性、完整性、可用性和保密性。

（1）数字档案数据的真实性。真实性要求数字档案的内容、结构和背景信息和最初形成的状态相同。数字档案具备了真实性，才可以发挥其在业务活动中的证据性，这也是数字档案体现社会活动的前提，也是其作为历史记忆得以长期保存的原因。然而，数字档案非常容易被伪造或者篡改，而且就算出现了这种情况也是很难被察觉的，数字档案没有固定的载体，所以很难对其原件进行界定，这为保障数字档案真实性的安全工作带来了很多难题。

而且，为了保证数字档案在新技术下存取顺利，还要及时对其进行迁移，在迁移的过程中难免会使其数据受到一定程度的损坏，所以，数字档案存储得越久，它的真实性越难得到保障。

（2）数字档案数据的完整性。完整性具有两方面的要求。第一，要求系统可以以元数据的标准为依据，对需要归档的数字档案进行获取，并且可以反映数字档案和其他文件的联系。第二，要求数字档案的三要素即结构、内容和背景信息必须齐全。其中，结构就是信息记录方法和要素间的联系；内容指的是数字档案中体现形成者目的的信息；背景信息就是在创建、使用和办理数字档案时留存的管理活动的时间、日期等信息。为了体现数字档案在形成时和别的文件存在联系，并确保数字档案的真实性，就要从背景信息入手，对其进行确认。比如数字档案如果被多次处理后，它在格式、载体或者呈现状况上都会发生很大的变化，因此我们可以将背景信息作为依据，来判定数字档案是否被改动过，如果没有，那么它就依然是真实的。

（3）数字档案数据的可用性。可用性的终极目标就是它可以在人们识别与理解的情况下长期保存并持续为人们带来价值。可用性是数字档案实现自身价值的体现，也正是因为它的可用性，才使其原始的记录与凭证价值得以发挥。假如档案中的数据不能被读取和利用，那么它将失去所有的价值，也就没有了对其进行管理的必要。

在归档环节中，一定要对数字档案形成的软件和硬件环境、存储的格式、参数等内容进行详细说明，使数字档案在压缩、加密、复制、迁移等操作中依然可以被使用。被加密的数字档案，要先对其解密，然后再归档，也可以把解密的方法一起进行归档。

（4）数字档案数据的保密性。保密性指的是避免非法用户接触数字档案而造成数据泄露。如今网络技术不断进步，网络也越来越具有开放性，而且数字档案本身就具有脆弱性，这都使得数字档案的保密工作更具挑战性。在对其进行管理时，很多的数字档案都有对应的保密等级，在使用时间和范围上都有一定的要求，要想保证数据不被泄露，不仅要加强对网络攻击的防御工作，还要根据用户的访问权限对系统的访问设置加以把控。

2.系统及其网络平台的安全

即便数字档案是处在非现行阶段，它也不能离开网络平台和系统而独立存在。所以，数字档案与网络平台、系统已成为一个不可分割的整体，在它的安全构成中，稳定性、可靠性和可控性也应成为其重要组成部分。

（1）稳定性。计算机在内部配置上要满足数字档案对其的要求。另外，计算机的系统、电压、软件等方面的稳定性也是非常关键的，它们的稳定性能够有效避免在断电、计算机死机情况下造成的信息丢失。外部环境也就是自然环境，像台风、地震、洪流等不可抗的自然灾害都可能对档案馆的设备造成损害，电磁脉冲、磁场的发生也会对系统产生干扰，从而使数字档案中的信息数据直接消失。

对于网络平台的稳定性可从两个方面来看。一是服务器持续且稳定的运行能力。二是路由器、交换机等设备和光纤等介质的完好情况，这些设备会将计算机连接起来，共同组成档案馆网络，因此，这些设备是否具有稳定性也深刻影响着档案馆网络的稳定性。

（2）可靠性。要赋予系统管理访问权限的功能，也就是可以人为地对系统进行设置，使系统具备允许自动进入、禁止访问等功能。说得通俗一点就是要确保系统管理员和正常使用者能够顺利访问档案馆，禁止没有被授权的用户对其进行访问。访问控制可以预先设计好程序，使其可以及时对所有访问请求进行回应。因此，系统一定要具备两个功能：一是对安全级别进行划分；二是对访问的控制权限进行划分。

（3）可控性。可控性是指在数字档案的生成、流转、鉴定、归档、迁移和利用过程中，系统应具有对数字档案进行跟踪、监控、审计的功能，以便可以实时查看数字档案当前所处的位置和活动的执行情况，记录对数字档案施加的各种操作行为，进而使系统始终保持对数字档案的管控。这种对整个生命周期所采取的监督和管控，可以对违反安全策略的行为及时制止和纠正，为追查非法访问事件发生的时间和过程提供依据。①

---

① 陈晓晖，赵屹. 电子文件全程管控研究 [J]. 上海档案，2015（5）：37.

二、建立数字档案网络安全防护体系

数字档案信息系统是数字档案依托的基础，而数字档案的业务流程中，特别是查询和利用，都需要对数字档案进行传递，并且传递过程通常要借助网络通信进行，因此要保障数字档案信息安全，还要重点关注网络通信方面的安全，建立起一个完善的网络安全防护体系。

（一）数据加密技术

数据加密最传统的方式就是使用密码加密，这是最基本的避免信息泄露的手段。作为网络安全保护体系的核心，加密提升了数据的保密性，有效避免了数据在传递过程中可能出现的非法截获或篡改问题，是当前保护信息在网络传递时使用效果最好的手段之一。

在加密技术方面，网络安全防护工作可以从这两个方面入手，一是数据在不同设备上的传递过程，二是应用层面。前者的意思就是对链路进行加密，数字档案中的信息通过设备传出去的时候，要在传递的过程中进行加密，而对于没有离开设备的相关的数字档案要保持明码。这样的方法对传递信息过程中的每个环节都有可信度的要求，可以有效避免不法分子对网络信息流进行分析，从而达到控制信息、保护口令、保护需要经过的节点的目的。后者是端对端的加密方法，档案信息要在应用层面及时加密，这种加密方法最大的好处就是，只要密钥不泄露，数字档案就具有可信度，但是这样的方法不能对传递的节点进行保护，也不能有效控制信息，因此一些不法分子很容易趁虚而入。

加密算法有两种比较常见的方法，即对称与不对称。对于加密与解密，传统的对称算法是公用一套密钥的，它的加密与解密的关键就是对密钥进行正向和逆向的运算。这样的加密算法要求双方对密钥守口如瓶，不便于分发。新型算法是不对称的，这种算法的加密和解密不是互逆关系，它们所使用的密钥是两种完全不同的密钥。新型算法的密钥可以公开，便于密钥的分发，使用者只要对解密密钥进行保密就可以了。

数字档案在通过网络进行信息传递时，要以业务实际的场景为依据，选择合适的加密技术，提高破解的成本与难度，使网络传递更加安全。

（二）访问权限控制

控制访问权限可以有效防止病毒入侵和黑客攻击，这是数字档案系统必须具备的安全控制手段。所谓访问权限控制，就是以使用者的身份、使用需求等条件为依据，对其权限加以控制，对其行为加以限制，防止用户进行越权操作。

访问权限控制分为很多类型，最常见的是基于授权的控制以及基于安全级别和分组的控制。前者一般表现为部分或某个特定的全局权限者，根据其授权，对其下级访问者进行权限控制。这一控制方法较为繁琐，且全局权限者权限过大，一旦该账号被非法入侵者窃取，系统将处于毫无防备的状态。后者就是在系统建立的初期，根据用户的秘密等级和部门对用户进行分组，然后授予不同权限。这样的方法相对简单，即便用户的身份发生了变化，对他的分组和密级进行修改就可以了。

在归档、保存、查找、使用数字档案时，对于访问权限问题一定要加以重视，这样不但能够防止用户访问机密档案和进行越权操作，还可以在用户账号被盗取后，对档案的泄露和损害的程度进行控制。

（三）防火墙技术

防火墙技术其实也算是访问控制技术，但是它更注重对互联网络之间访问的控制。它可以有效控制内部网络传输与外部网络的访问，保护内网，拦截来自外网的非法访问。

从逻辑层面来看，防火墙其实就是一个阻断器，它是可信网络与不可信网络中间的一个监测点。运用防火墙技术后，会在数据传输中设定一个必经基点，通过监测该基点情况来管理设备信息的输入和输出。防火墙对数字档案网络安全的保护作用主要体现在拒绝未经授权的设备访问、过滤各种网络恶意访问、记录相关网络操作情况等。

如今，很多数字档案为了实现共享性，会在信息系统里开通对外接口，很多不法分子便会趁虚而入。而应用防火墙技术能够有效增强系统的安全性，使档案的信息处在安全状态。

（四）入侵检测技术

入侵检测技术是防火墙技术的下一道防线。一旦防火墙被突破，入侵检测机制将产生作用。入侵检测技术的要点在于对网络入侵进行实时监控与监测。有效的入侵检测机制可以检测出对网络的恶意攻击，在检测到相关攻击后及时向数字档案系统的管理者汇报，提醒管理者采取相关应对措施。入侵检测可以初步应对网络攻击，放大系统管理者的安全应对能力，保护数字档案信息系统。

在日常应用中，入侵检测的工作是检测用户的行为和系统的运行，随时发现反常情况；在发现了反常情况后会进行判定，如果确定是非法入侵，就会及时向管理者反映情况；在最早发现入侵时，系统会在管理者采取措施前初步对入侵行为加以应对，并分析入侵的手段和来路，然后为管理员提供应对建议；除此之外，入侵检测还具有搜集入侵证据的作用。

数字档案应用的系统要以自身情况作为依据来建立入侵检测机制，使得在防火墙被突破后依然可以保护档案信息的安全，并且及时通知管理者采取应对措施，避免出现重大损失。

第二节　档案馆数字资源的日常安全管理

一、档案馆数字资源管理的特点

由数字档案资源的特点可以得出，在输出设备中呈现的数字档案与其在载体中的形态大相径庭，因此数字档案的安全不像传统形态的档案那样直观。要想保证数字档案的安全，首先要保证载体的安全性，如果载体被破坏，也就谈不上数字档案的安全了。此外，相较于传统形式的档案管理，在管理数字档案时不但要保证载体的安全，还要控制计算机系统，确保其安全性。完备的计算机系统会为数字档案带来有效的安全保障。

在数字档案的生命周期内，它的价值形态是不断变化的，对它的管理也会随之发生改变，对于安全工作也会提出新的要求。因此，根据其周期的阶段划分方法，系统要有三个功能[①]：第一，支持文件生成人员开展日常工作，创建文档，此功能主要是监视文件的现行阶段，所以不会出现管理阶段的功能；第二，对半结构的文档集中起来管理，这其中主要针对的是没有明确的保存期限但可以留着做凭证的信息，并且会在管理过程中生成完整的文件，此功能主要针对的是半现行阶段和现行、非现行阶段进行衔接的过程，因此，归档文件不是它的关注重点；第三，完善的档案管理功能，可以长久保存有价值的文件，维护其属性，尽可能地延长其使用寿命，并使文件可以被最大程度使用。数字档案资源的管理有以下几方面的特点。

（一）全程管理

全程管理注重对数字档案整个生命周期的所有阶段进行管理，保证档案从形成开始一直是可控的。以管理的目标、战略和需要为参考，构建可以将档案从生成到归档再到永久保存整个过程进行管理的系统。需要注意的是，在管理中出现的任何一个微小的瑕疵都可能对档案造成毁灭性打击，因此只有确保其安全性，才能进一步使其发挥各种价值。

管理者在实际工作中，要对文档进行一体化管理，不能隔断文件生成部门和管理部门的职责，任其相互独立，自成体制。从微观上看，以文档一体化为基础的全程管理有利于数据标准和数字对象格式的统一；从宏观上看，对业务的流程进行优化，能减少成本和对技术的依赖。

（二）前端控制

在数字档案管理上，前端控制主要针对它的生成环节，将每项管理工作进行前移。在数字时代中，如果档案管理者不能在档案的生成环节对其加以把控，那么就不能明确档案是否存在原始记录性，更甚者是没办法对文件的原件和副本进行区分，也就更谈不上安全性了。前端控制对形成档案的最佳时机进行把控，提前发挥安全管理的功能，以防遗漏、疏忽的情况发生。

一旦形成了数字对象，系统就会得到文件的信息，然后对其加以鉴定，从而捕获有价值且需要归档的对象。这样在最初档案生成时，系统就会对其进行保护，对非法浏览、伪造等行为进行有效阻止，并防止有价值的文件被

---

① 刘越男.提升电子文件管理系统质量的路径分析[J].档案学研究，2010（5）：82.

删除或者忽略。

（三）动态管理

所谓动态管理，就是实时对档案的动态管理过程进行记录，具体来说，就是系统会根据元数据的标准对档案的背景信息进行捕捉，并对所有的管理动向加以记录。比如根据档案在迁移活动中所生成的背景信息开展审计工作。总而言之，元数据标准就像一台摄像机，对档案的所有经历进行记录，有效杜绝档案可能出现的安全风险。

（四）风险管理

在日常生活中，很多事物都会被不确定因素所影响，风险永远是存在且无法消除的，不过很多风险其实是能够被预测到的，数字档案也一样。要想对其风险进行预测，就要求我们对隐患进行辨识，然后有针对性地采取相应措施防患于未然，防止风险后果的产生或者减小后果危害，这就是风险管理存在的意义。

数字档案属于不可再生资源，如果消失了就会对社会的历史记忆造成很大的损害，更甚者还会对国家和人民的利益造成不良影响。而且，这样的隐患一旦出现，就会造成无法弥补的损失，所以对于数字档案的安全来说，风险管理是不可缺少的。

二、档案馆数字资源安全管理对策

（一）完善国家法制建设

有关档案的立法是由国家立法部门制定的，属于我国拟法律体系的重要组成部分。档案立法从人民的切身利益出发，尽可能满足人民对档案的使用需求。档案立法不仅对业务的主体进行保护，也对使用者进行保护，这样做的根本目的是促进档案业务向好的方向发展，为包括档案在内的各个行业的发展提供帮助。

在数字档案的安全方面，要保证有法可依，各个法律条文要相互配合，厘清其中的逻辑关系。总之，要重视档案事业特别是数字档案的法律建设。如今，我们要将档案法制宣传范围扩大，让档案的利用者和档案管理者了解相关法律法规，并对相关的权利和义务都有深刻的了解，同时要熟练掌握相关的业务流程，从而保证相关方面能够更严格地遵循档案规则和档案纲领性文件。

要做好档案相关法制的宣传工作，业务方和使用方都要了解相关的法律法规，并对其背后的法理逻辑有一定程度的理解，认识到依法办事对双方的权益和档案的安全都是非常重要的。有效的法制宣传工作能够促使使用方和业务方的行为更加规范，在了解了法律法规之后会自觉依法行事，并相互配合，形成良性的发展，这对数字档案的发展、安全和利用具有重要作用。

（二）建立内部控制制度

对数字档案进行内部控制，就是档案的业务主体在归集档案、保管档案和提供档案服务时，要将保护档案的安全和维护其完整性作为工作前提，并为档案获得真实、可靠且合理的安全保证和开展经济且高效的业务而制定相关政策、制度的过程。

1.建立利害岗位分离

在档案发展方面，数字档案是其主要的发展趋势，很多部门机构以及个人都会利用数字档案进行信息的记录和存储。在这种情况下，为保护信息安全，建立其内部控制制度迫在眉睫。然而，在这之前要对岗位的分离进行明确。

首先，数字档案业务部门的人员、内部的审计人员和档案人员不能进行兼任。一旦这些具有利益冲突的岗位被一个人兼任，就很可能从内部产生巨大漏洞，导致监管人员出现徇私舞弊的情况。

大型信息系统是大规模数字档案在管理上的基础，岗位分离也从过去单一的档案岗位逐渐分离转变成信息系统编写和服务器运营的分离。比如说负责档案信息系统编写工作的程序员不能同时兼任负责维护运营系统的管理员、负责采购数字档案管理设备的采购人员、负责验收数字档案信息系统的审计人员、负责建立数字档案运维系统的决策人员等。倘若以上兼任岗位的情况出现，相关人员便不再受到数字档案信息安全机制的束缚，这就很可能出现上述人员借助信息系统漏洞或者后门肆意篡改或者损毁数字档案信息的情况，即出现数字档案信息系统舞弊的严重问题。

其次，要想保证数字档案的安全，仅仅对存在利益冲突的岗位进行分离是远远不够的，岗位分离不能只存在于形式上，还必须是实质上的。要根据档案的不同价值采取不同等级的保障，比如要求离职后的人员在一定时间内不得从事相关行业，或者任职人员的亲属不得担任存在利益关系的职位。

2. 业务流程程序控制

针对数字档案的安全问题，在建立内部控制制度时不仅要关注人的层面，还要在制度上体现对业务流程的把控。业务流程的各个阶段要相互衔接和监督，不受监督的情况是不允许出现的。完整的业务流程应包括以下几个控制点。

（1）有效的业务流程要注重对各个环节的审批权限进行把控，根据相关事务的重要程度，对其进行合理的权限控制。在整个档案的生命流程中，这些控制要始终贯穿其中。

（2）在产生归集的过程中，对于档案收集的渠道、归集的质量都要进行审批。要重点关注生成的新档案是否存在真实性，要对其价值进行评估，要对档案进行合理分类，在这样一系列的控制下，数字档案的质量在最初的形成阶段就得到了控制，同时也使日后的利用和保护更加便捷。

（3）在存储和保管的过程中，对如何存储档案、如何选择信息系统、如何对其进行安全层级的评估等问题要进行审批控制，这是防止上一点所说的超越控制的必要保障。

（4）关于查询利用方面，业务流程程序的控制核心就是确定可以查询哪些用户、可以查询这些客户的多少信息、查询的内容属于哪一部分以及怎样查询等一系列的授权和审批问题。前述的每一个措施都要建立在该环节的授权控制之上，才能让数字档案多个方面的安全得到保障。

3. 实施数字档案审计

除了要重视上面提到的对人和程序的控制，还有一点需要注意，就是通过第三方对内部进行定期或者不定期的审查。虽然对岗位进行了分离，并对程序进行了控制，但是数字档案中的各个环节只是保持在了一个较为稳定的受监管状态，这种状态很容易因为内部集体串通舞弊而被破坏，让内部控制无法再继续监管、控制相关人员。

因此，要想确保数字档案的安全，就必须定期或不定期地进行例行审计或抽检式审计。审计人员也必须确保为中立的独立第三方，与档案业务主体没有利益关系，这样才能更加客观地将内部控制中的缺陷和可能出现的舞弊情况指出来。

目前，类似的审计工作通常由会计师事务所、咨询公司等组织机构负责，本书认为，数字档案相关的审计工作可以以上述部门的审计方式作为参考，然后根据数字档案的特点进行调整，使其更加合理且具有针对性。

（三）寻求外部技术合作

1.聘请技术顾问

当今社会，越来越注重人员的分工协作。如果数字档案相关领域缺乏业务主体，可以聘请该领域的专业人士进行技术指导，这样做既经济又高效。这些被聘请的专业人士不一定多么精通该领域的知识，他只要有刻苦钻研的态度就可以了。业务主体的内部人士和被聘请的专家会针对档案的情况进行沟通和对接，从而取得良好的成效。

2.协议合作开发

档案业务主体通常仅掌握有限的资源，怎样通过对有限资源的充分利用来解决档案安全所面临的一系列问题，是当前工作中的难题。与有着相应需求的部门机构进行合作并签订协议，对所有的资源进行整合并充分利用，可以使单方面不能应对的安全方面的难题得到解决。

3.流程服务外包

许多主体的数字档案量虽然比较少，但是又对数字档案具有刚性需求，此时若是要斥巨资从头建立数字档案体系又不够经济，在建立过程中投入较少有可能会导致比较重要的数字档案在体系中存在巨大的风险。在这种情况下，选择流程服务外包，将数字档案业务的重要部分或者整体都外包给具有更高专业度与可信度的服务提供商是一个不错的选择。

流程服务外包指的是组织将其数字档案业务的部分环节或者整体都外包

给具有专业能力的数字档案服务提供商，比如通过外包服务器租赁提供商来进行服务器的架设。将这些过于专业、自身难以达成或者达成需要投入大量资源的环节外包到专业的机构中去，得到的效果往往会更好一点。不过在外包之前，必须甄别服务提供商的信用度是否够高，专业能力是否达标，在外包的采购中也要时刻保持内部控制，防止舞弊现象的出现。

（四）人才培养与激励

数字档案的安全说到底还是由人来保障的。因此，在各个行业里，培养和激励人才都是十分重要的内容，数字档案的安全防护也是一样的。

1.加强档案专业知识培训

数字档案终归是一种档案，其各个环节的工作人员势必要掌握一定的档案知识。对工作人员加强理论知识的培养是非常重要的。

要大力培养数字档案领域的专业人才，组建一支具有先进思想、优秀的研究能力、较高的思想觉悟的专业团队，可以为档案安全提供取之不尽的发展动力，并为档案的安全保障提供智力支持。

业务主体要对工作人员进行定期的理论知识培训，一些行业协会也要多组织一些类似的教育活动，使从业人员能够扎实地掌握专业知识，还要对档案人员进行定期的教育，使其储备更多数字档案的相关知识。

2.专门档案专业知识培训

除了对档案理论知识的掌握有着一定的要求外，还要求档案人员对专门档案的知识有一定的掌握。尤其是在数字档案的发展趋势下，不仅要掌握档案理论知识和一些相关领域的知识，还要掌握一定的计算机和网络知识。工作人员可以站在专业的视角上对专门档案进行理解，在档案的视角上对专门档案进行管理，同时利用好内部控制、评估风险等知识，才能确保数字档案的安全性。

要想把控数字档案的安全性，既要让档案人员掌握相关的理论知识，还要加强其专业知识的培训，这里所说的专业知识包括多方面的内容，如业务性质的知识、档案信息传输等相关的网络信息技术的知识、日益复杂的内部管理方面的知识等。档案人员在相关知识的培训中，通过学习掌握多方面的知识和能力，慢慢成长为复合型人才，从而更好地为档案安全工作提供保障，并使数字档案得到更好地利用。[①]

3.设立档案内部审计岗位

内部控制体系建设中提到的数字文件审计的实施，强调通过对数字文件部门的独立审计与国家审计对数字文件信息进行安全监督。本书所提到的档案盘点审计岗位，重点是组织内部档案，建立内部审计岗位。

企业管理理论中明确提到，在组织内部必须建立内部审计队伍。该队伍负责内部事务的审计和监督，搜寻组织内漏洞并上报管理者加以改善。档案部门在组织中的位置十分重要，因此在为数字档案设立专门内部审计岗位时，要注意聘用具有档案专业知识与理论的专家。这些专家可以在负责数字档案内部审计时发挥自身的能力，对数字档案部门中的问题一针见血地指出，使数字档案信息的安全环境变得更好。相关的审计岗位会根据审计重视的不同方向，分别对管理层面的咨询活动和数字档案利用的信息系统开展 IT 审计。这对于减少技术漏洞十分有效，并且可以有效保护档案的信息安全。

4.建立人员绩效奖惩机制

对数字档案有需求的组织要提高对相关数字档案人员的薪资待遇，使数字档案相关人员对自身职业具有认同感。

要建立数字档案人员的绩效奖惩机制，对相关数字档案人员实施绩效考核，这将切实有效地调动相关人员的积极性，从而强化对数字档案信息安全的保障。

5.培养数字档案人员的职业道德

在新形势下，对数字档案工作人员要加强思想政治教育，培养数字档案人员的职业道德。

数字档案人员的职业道德要求有以下几点：

（1）爱岗敬业。强调数字档案从业人员要热爱数字档案工作，对本职工作尽心尽责、尽忠职守。

（2）诚实守信。要求数字档案从业人员具有较好的思想品德，注重

---

① 范罗生.刍议审计档案存在的问题与对策[J].办公室业务，2017（14）:90.

信誉。

（3）廉洁自律。要求数字档案从业人员公私分明，不为诱惑所折腰。

（4）坚持原则。要求数字档案从业人员遵守相关档案法律法规，切实按相应规则办事。

（5）参与管理。要求数字档案从业人员不仅关注本职工作，而且要参与到整个组织的管理中去，敢于提出合理建议。

（6）强化服务。要求数字档案从业人员要提高服务意识，保障服务的质量，维护本行业在社会中的形象。

良好的职业认同感和职业道德可以将从业人员的主观能动性调动起来，使其从内心尊重自己的职业，并自觉做好档案工作，这样可以为档案安全工作提供有效的保障。

第六章 档案馆数字资源管理的创新

第一节 档案资源管理的形势

一、档案管理模式的变革

（一）文档管理一体化

文档管理一体化是基于文书与档案工作的各个方面，对制发文件到归档管理的整个过程进行管理，将文件管理与档案管理融为一体。具体来说，将文件的产生、归档和档案管理纳入同一个管理系统，采用统一的工作制度、程序和方法，而不再将文件管理和档案管理视为两个相互独立、界限分明的管理系统，这样一来，就可以减少很多不必要的劳动，使文档的管理工作更加高效。文档一体化主要包括以下内容。

第一，文档实体生成一体化。即对公文、档案从生成、流转、归档形成档案直至被销毁为止的整个生命周期进行全面管理。

第二，文档管理一体化。从管理体制、组织机构、人员配备等方面保证一体化的实现。

第三，文档信息利用一体化。可直接通过文档检索系统查找所需要的文件或档案。

第四，文档规范一体化。文档一体化要求在公文办理和档案管理中实施统一协调的规范和要求。

文档一体化是有理论依据的，其理论依据是文件的生命周期理论。该理

148

论认为，从文件的产生到文件的销毁或者永久保存可以被视为一个完整的生命过程。从本质上讲，档案和文件是没有什么区别的，其实它们属于同一种事物，而它们之所以概念不同，是由于它们所处的生命阶段不同。所以，将文件和档案放入同一个管理系统，实行一体化管理，遵循了事物发展的客观规律。

计算机技术、办公自动化和档案网络化管理的发展，为文档的一体化管理提供了技术上的支持。随着办公自动化的普及，人们可以利用计算机起草文件并通过互联网传递到各地，整个过程轻松又高效，省时又省力。人们通过文档一体化管理软件，随时将处理过的文件进行归档。传统管理模式与之相比就复杂得多，文件管理与档案管理处于两个独立的系统，文件的归档整理过程十分漫长，而且将文件转化成档案也需要一个过程，在这个过程中不免会出现如标引、复录等重复的劳动，浪费了人力、物力。

要想实现电子文件管理以及前端控制，就必须借助文档一体化系统这一平台。在这个系统中，能够对电子文件产生、运行、归档等整个过程进行管理和把控，而且在系统建设初期，档案工作人员就可以参与进去，将自己对于档案管理的想法通过系统的设计体现出来，这样可以为电子文件的完整性与真实性提供有效的保障。

（二）图书、情报、档案的一体化管理

情报、图书和档案这三者各有特点，情报的功能是将不确定的信息筛选出去，图书的知识体系较为系统，档案是记录人们社会生活的原始信息，但三者都是信息的重要来源，在功能上可以互补。在信息技术时代，三者的一体化管理方案日益成熟且可行。这样的一体化管理有着非常明显的优势，具体内容体现在以下三个方面：第一，可以提高信息的综合度。第二，可对组织部门的资源配置进行优化，实现资源共享。当前有很多大的企业在进行资源重组时，会以原有的资料室、图书室、档案室为基础，然后成立信息中心，一体化的管理可以使这些信息被统一纳入一个系统中，然后达成信息资源的充分利用和共享的目的。第三，适应了社会信息化和数字网络环境对于各类信息综合继承的管理需要和利用需要。当前是信息化社会，情报、图书

和档案等信息资源都不再是相互独立的，而是随着互相的渗透和连接而形成的信息集成。

随着网络、计算机和现代通信等各种技术的进步，对于上述两种一体化管理在人们的生产和生活中有了越来越重要的地位，对此，档案从业人员也要与时俱进，树立先进的观念，积极地进行横向和纵向的拓展。横向是对图书和情报的管理。档案这种资源相对比较特殊，它和图书、情报有着非常紧密的联系，档案从业人员必须对图书、情报的工作方法和工作原理有一定的了解，从而为三者的一体化管理打下扎实的基础。纵向是向前拓展，即对文件的管理，档案从业人员要对文件管理的理论知识和实际操作进行掌握。

二、档案管理手段的变革——数字化和网络化

自 20 世纪中后期开始，以计算机为主角的信息技术革命正式开启。此时，档案管理的方式也慢慢发生了改变，以往手工管理的方式逐渐被数字化和网络化的管理方式所替代。档案的数字化管理就是利用一些现代的计算机技术来生成数字档案信息，也可以通过数字化技术把传统载体中的档案信息转化为数字信息，以便信息的存储和使用。数字档案可以通过两个途径产生：第一，在网络环境中直接产生电子文件，然后在离线或者在线的状态下将其进行归档，最终形成数字档案；第二，利用馆藏数字化技术，把以前储存在纸张、磁带、唱片等介质中的信息转化为数字信息，从而形成数字档案。所以，实行数字化档案管理必须要以档案的网络化为前提。在互联网发展的背景下，网络化的档案管理已是必然趋势。网络化的档案管理就是利用网络对档案信息进行利用、传输、开发等。网络化和数字化的档案管理已经将原来纸质环境下传统的档案管理模式打破，使管理的效率得到了大幅度提升，也为接下来的组织、开发和利用信息奠定了基础。

三、档案管理对象的变革——纸质档案与电子文件的长期并存

根据人类从古至今的发展来看，在档案管理过程中，管理对象是以纸作为主要载体的，人们对传统档案有着充分了解，并汇总、提炼出了比较成熟、完整的管理纸质档案的方法和模式，有着丰富的管理经验，甚至形成了

相关的档案管理理论。然而，这一情况从 20 世纪中后期以后发生了巨大改变。由于信息技术的发展，大量的电子文件出现在了人们的生产和生活中，在这样的文件与日俱增的情况下，人们体会到了其带来的好处，其也因此受到了人们的广泛认可，无纸化办公会越来越普及。那么，纸质档案真的会永远消失被电子文件取代吗？当然不会。人们长期以来的阅读习惯，使人们更加喜欢通过纸张来获取信息，而且电子文件并不是毫无缺点的，它在保持信息完整性与真实性上是有所欠缺的，这就使电子文件无法完全代替纸质文件。然而，在电子文件广泛使用的当下，作为档案管理工作者要努力学习和探索与自身相匹配的管理模式和方法，还要重视在档案管理过程中，纸质文件与电子文件在衔接上的一些问题。

四、档案管理工作内容的深入——由档案实体管理向档案信息组织与管理发展

档案原件的凭证性是至关重要且无法替代的，因此人们在收集、保存档案实体的工作中付出了大量的劳动，却忽略了比较重要的一点，那就是对档案资源的组织与管理。信息社会的发展使人们逐渐意识到信息的重要性，于是，像档案这种承载着从古至今大量人类社会事件的载体被越来越多的人所重视，档案自身所具备的资源属性也得以显现。

对档案信息进行开发、组织和管理，并为社会各界提供档案信息服务，是如今信息化发展的需要，也是档案工作为适应社会进步而自我发展的需要。在信息化进程中，档案管理工作出现了一个明显的变化，那就是档案实体管理深入了管理和组织档案信息中。对于档案信息的组织与管理工作主要包括档案的编研、检索和使用。目前，这些工作在发展过程中已慢慢独立成以部门为单位的管理工作。我国档案管理人员在不断的实践中，对文件实体进行了简化整理，并深化了检索的改革举措。从 2000 年开始，我国便实行了立法改革，提出在整理文书档案时，将"卷"改成"件"，目的是使整理过程更加简单，减轻工作人员在整理环节的工作压力，为后期的档案检索、开发和利用工作留有更加充足的时间。

五、档案管理机构社会职能的拓展

随着我国政府的职能转变和电子政务的建设，人们开始重视加强政府的公共管理职能。因此，人们也开始呼吁对国家档案的服务功能进行扩展，公共档案馆开始被更多的人所接受和认可，并将其运用到日常的工作和生活中。公共档案馆面向所有公民，为他们提供服务，它的馆藏主要由国家部门和组织在活动中形成的文件和在社会活动中形成的资料所组成，它将所有的公民作为服务对象，并且为服务对象提供舒适的阅读场地。长期以来，我国各级国家综合性档案馆在馆藏结构、服务对象等方面的定位都以党和政府的机关部门为主，馆藏档案以各级党和政府部门的文书档案居多，而科技档案以及记载当地社会团体和公民的档案较少，加上档案馆封闭的服务方式，使档案馆与社会公众之间有一定程度的疏离。因此，只有在改善馆藏机构、丰富馆藏内容、加强档案馆社会化服务功能的基础上，才有可能使我国的各级国家综合性档案馆真正发挥公共档案馆的职能。

第二节　数字档案资源管理的技术应用

一、数字档案资源存储的云端化

云计算的发展解放了档案馆的存储空间，弥补了档案馆技术不足的缺陷。云计算的及时性、便捷性为档案馆的存储提供了较为便捷的存储方案。①

（一）云计算技术的服务模式

"云计算（cloud computing）是一种基于因特网的超级计算模式。"② "云形象指计算机联网形成的集群，它是在远程数据中心里由成千上万台计算机连接成一片而形成的。它汇聚了大量服务器、应用软件或者存储设备，具有每秒10万亿次的运算能力。"③

---

①　付永革.区县档案馆民生档案资源共建共享方式初探[J].北京档案，2010（1）：21.

②　林芳.云计算在图书馆的应用前景探析[J].网络财富，2010（21）：174.

③　赵屹.机遇与风险：云计算环境下的电子文件管理[J].档案与建设，2013（10）：4.

云计算所提供的服务模式有三种：SaaS（软件即服务）、PaaS（平台即服务）、IaaS（基础设施即服务）。

SaaS 是基于 Web 提供软件应用的一种服务模式。用户无须购卡买软件，而是通过向运营商租用的方式与其他众多的用户共享软件，实现既定的管理活动。从用户角度来看，这种方式可以节省服务器和软件开支；从运营商角度来看，其只需维持一个程序就可以应对成千上万的用户，节约成本。

PaaS 是提供软件研发平台的一种服务模式。这种形式的云计算软件开发平台以 SaaS 的模式提供给用户，用户使用该平台开发自己的应用程序。

IaaS 是提供计算机网络、软件等基础设施以供用户使用的一种服务模式。所提供的基础设施包括计算机内存、存储空间和网络服务等。用户通过 IaaS 提供的基础设施开发满足自身需求的产品或服务。

（二）云计算与数字档案资源管理

在云计算环境下，档案部门可以按需享用超级计算机云服务。云计算作为一种资源高效的处理方式，以强大的计算能力和低成本的优势为档案部门实现信息共享提供了便利条件。

1.实现数字档案资源的集成式管理

云计算为档案部门提供开放的档案管理服务，集中优化档案部门的资源环境。"集成管理下的电子文件全程管理所需的全部处理功能，包括电子文件的创建与形成、捕获与登记、封装与固化、保管与处置、管理与控制、检索与再现、跟踪与溯源、完整性校验、分布式存取、安全性保障等。"[①]

2.实现电子文件的云存储

云存储是通过集群应用、网格技术或分布式文件系统等功能，将网络中大量不同类型的存储设备通过应用软件集合起来协同工作，共同对外提供数据存储和业务访问功能的一种网络在线存储模式。档案部门委托第三方服务组织对电子文件进行保存，通常是一些比较大的数据运营公司，有着强大的存储能力，他们会把所有的资源存储在一个资源池中，人们可以利用服务器进行获取和使用。这种云存储的优点是，可以有效缩减存储资源所需要的物

---

① 赵屹.机遇与风险：云计算环境下的电子文件管理[J].档案与建设，2013（10）：6.

理设备，档案部门不用再购买大量的物理存储设备，只需要根据数据量向第三方服务组织支付存储费用就可以了。这样的存储方式与以往相比，档案部门省去了维护文件的工作步骤，维护文件的工作将由第三方服务组织负责。这不仅可以有效提高文件的安全性，云存储还会保存电子文件的副本，以便于日后根据需要进行恢复。同时，档案部门还能够利用防火墙、加密技术等设置电子文件的使用权限，使电子文件更具安全性。

3. 实现电子文件的集成服务

电子文件云参与性强，用户可以通过"云端"对存储在其中的电子文件档案进行检索，跨实体档案馆、电子文件中心、政务信息中心各级实现信息的最终检索，不受时间和空间的限制，使检索的准确性大大提高。

二、数字档案资源共享的智慧化

智慧档案馆的提出是为了实现全国、局部地区档案馆之间和档案资源之间的共享。智慧档案馆依托智慧城市建设，在物联网技术的推动下，为数字档案资源更好地实现共享指明了方向。

（一）智慧档案馆的创新

智慧档案馆是配合智慧城市提出的新概念，具体表现在"智慧"上，智慧档案馆信息系统能够按照预设的模型和流程，自主感知、汇集、记忆、分析信息，实施识别模式、触发预案、控制运行、评估业务、预测趋势、预警风险、管控信息、挖掘知识、发现关系等具有人类思维特性的行为，完成既定的档案工作任务。[①]

智慧档案馆是以数字档案馆为基础建立起来的，它建立的目的是应对数字档案馆的信息不全面、深入和服务形式传统的状况。从功能上看，数字档案馆所有的功能，它基本上都具备，两者的基本内核也是无异的。笔者现在只从智慧档案馆在提供利用服务上的独特之处为重点进行论述。

目前，一些一线城市如上海、深圳等都已经建设了智慧档案馆。它的建立将资源作为核心，将技术作为手段。在智慧城市的建设中，有两个重要的

---

① 杨来青，李大鹏. 智慧档案馆功能及体系结构 [J]. 中国档案，2015（7）：60.

技术，即云计算和物联网，所以，在建设智慧档案馆时，也要依赖于这两种技术，与智慧城市的部署进行配合，并借此机会完成档案馆的建设。智慧档案馆建设的技术要参考智慧城市的布局来安排，在建设资金上，它也要遵循智慧城市建设的统筹安排。换句话说就是，当前对于智慧档案馆的建设还在摸索中，对其建设的标准还没有完全确定，全国档案系统无法集中起来进行统一的部署。在这样条块分割的状况下，如何顺利建设互联互通的智慧档案馆群，需要我们进行深入思考。

（二）智慧档案馆的资源共享

"数字档案馆只是为传统档案资源建立了数字镜像和利用平台，只是对传统档案管理方法做了信息技术条件下的'模拟'，虽然方便了档案管理与利用，但是并不具备帮助档案管理人员开展业务工作及辅助档案信息用户思维的功能。"[①]

智慧档案馆具有共享服务，这种服务的实现主要依靠信息技术。智慧档案馆把传统的有线和无线宽带进行融合，为其提供宽带保障，并且在城乡网络普及的条件下，借助 5G 网络的覆盖，达到城市和乡村档案信息服务同步化的目的。

智慧档案馆资源的共享服务伴随技术的升级而逐步完善。除了继续完善现有信息发布利用平台外，将跟进移动服务技术，建立移动数字信息查阅服务中心，通过无线网络、手机等手持终端设备，实现档案信息服务移动化。同时，主动适应三网融合的新形势，将档案信息服务纳入三网融合的新信息服务体系，将信息共享平台延伸至电视屏幕、智能手机等新的终端设备。

智慧档案馆能够共享的内容日益丰富。智慧档案馆在建设时会和物联网进行深度融合，一同为建设智慧城市助力。智慧档案馆建设将实现智慧城市管理与服务、城市规划部门档案管理系统和政府档案电子档案管理系统的对接，大大丰富智慧档案馆的内涵。智慧档案馆将凭借丰富的特色城市档案，实现地方特色档案的网络收集和区域共享。

---

① 杨来青,徐明君,邹杰.档案馆未来发展的新前景:智慧档案馆[J].中国档案,2013（2）:
68.

第三节 互联网环境下档案信息及资源开发

当今世界，各行各业都在互联网条件下孕育出新的发展方向。传统的档案管理在信息不断增加和快速变化的情况下，如果不与互联网的发展相结合，将很难开展工作。档案是对原始记录的真实反映，具有很大的借鉴价值和较强的权威性，档案信息资源能否得到充分的重视、开发和利用，对当前工作的开展具有重要影响。档案信息网络化是必然趋势，凡是涉及互联网上档案信息的原始性、保密性、完整性和真实性的相关技术和理论，都是档案信息安全的研究范畴。

一、互联网环境下的档案信息

互联网的出现不仅带来了大量新的信息技术，同时改变了人们的生活方式。有学者认为："互联网让档案变成真正的活信息。"互联网使那些不经常被查阅的档案重新回到大众的视野，使其焕发新的活力。互联网为档案信息提供了更为广阔的平台，将传统的档案工作与云计算、物联网、大数据等技术结合，让档案信息以新的形式重新出现在档案使用者面前，既结合了互联网的特征，又将档案信息与其他行业融合，提高了档案的使用效率，使人们实现方便快捷查询。

在互联网时代到来之前档案信息的开发主体是档案部门的管理者，他们大多具有专业的档案知识，可以很好地完成国家与部门规定的相关课题研发。互联网的快速发展，网络平台的低门槛，让很多老百姓可以在网络中发表信息与言论，使信息的接收者变成了信息的利用者。信息化的发展使档案管理不得不与互联网技术结合。张庆莉在《档案信息资源开发的影响因素及对策分析》中讲到，从中华人民共和国成立初期到现在，档案信息的开发越来越多元化，包括的范围也越来越广，档案信息的主体不仅仅包括档案的管理者，还包括社会大众和技术人员。

在互联网时代，用户对信息的选择越来越具有自主性，对信息质量的要求也越来越高。传统的档案管理是依据国家的政策、档案部门的要求进行的，方向单一。网络技术的快速兴起，使我们对档案的编研可以实现与使用者进行互动，选取大众所感兴趣的主体进行开发，开发出适合大众需求的档案信息。

二、互联网环境下档案信息资源开发的 SWOT 分析

传统房屋中介在互联网环境下变成"链家"；传统自行车在互联网环境下变成共享单车，越来越多的传统行业需要重新思考。互联网的出现打破了传统的思维方式，让很多行业和事物以全新的姿态回到大众的视野。同理，档案信息的管理与开发在互联网环境下也会发生新的变化。

通过态势（SWOT）分析模型，可以对档案信息的优势、劣势、机遇以及互联网给信息资源的开发所带来的影响进行分析。在互联网环境下，档案信息资源开发的主要优势在资源的种类和数量上，劣势是信息资源质量各不相同，缺少统一标准和工作人员的传统规范，机遇就是新技术的支持和国家政策的支持，网络的快速发展导致的信息安全问题将会成为巨大的挑战。

随着时代的发展，信息数量增多，档案信息作为信息资源的重要组成部分面临着巨大的挑战。在网络的影响下，档案信息的种类和数量也发生了巨大变化，增多的档案信息为档案资源的开发提供了丰富的资源。在信息数量增长的同时，碎片化的信息也随之产生，丰富了传统档案资源，补充了传统档案资源中缺少的部分。这部分可通过网络端对其进行收集整理。同时互联网的发展可收集流落在民间的档案，并以复印的形式填补到档案馆中，增加档案资料的数量。所以互联网环境丰富了档案资料，有利于档案资源的开发。

档案信息资源的开发与管理首先需要确保信息的有序整合，在档案信息收集整理过程中设立统一标准，标准化是档案信息建设过程中最基础的部分。传统的档案管理缺少统一的标准，在整合各地区的档案馆资料的过程中很难有效进行整合，很难在档案信息开发中提供信息支持。在互联网环境下，人们可以构建统一的标准，为档案开发工作提供良好的信息资源基础。互联网为档案资料管理提供了新技术，为档案管理者提高效率提供帮助，同时满足档案使用者对信息的需求，可以更好地实现档案的价值。国家为档案

信息资源开发提供政策上的支持，所以互联网为档案信息资源管理带来全新的机遇。

大数据平台的预测分析、云计算作为互联网的新技术，为档案信息资源开发提供强大的技术支持。在云计算技术的支持下，人们能更方便地查找信息，扩大信息范围；在大数据预测分析技术下，档案信息资源逐步实现个性化。互联网为档案信息资源开发提供平台，使档案管理者能够对信息资源进行更大范围的开发，为档案信息资源提供信息基础。同时，互联网能提高档案信息开发的效率，突破档案信息资源开发的时空限制，使信息资源得到最大程度的利用，提升档案信息的利用效率。

三、互联网环境下档案信息资源开发的策略

针对互联网环境下档案分析开发利用中存在的一些突出问题，我们结合实际工作经验，提出了在互联网环境下提高档案信息资源利用价值的具体措施。互联网环境是不同领域的融合，不是简单的 1+1=2，而是对不同领域内部结构的重塑，是不同领域之间相互适应和有机的协同。所以在档案信息资源开发过程中应加强跨界融合的观念。在面对互联网的发展时，我们可尝试与社交媒体相结合，通过提高群众参与的主动性，对档案中信息不完整的部分进行补充，改善档案信息的开发环节。档案管理需要充分利用技术支持。其一，云计算通过互联网提高档案信息资源共享程度，缓解了增多的档案信息存放和信息分散开发不便的问题。其二，互联网是以大数据技术为核心技术进行快速发展的，可通过数据满足信息的利用需求。

互联网的到来为档案资源管理带来新的挑战和机遇。档案信息资源开发只有突破传统观念，改善传统工作方法和技术，结合大数据、云计算等技术，才能紧跟时代的发展步伐，带来更多的机遇。

第四节　高校档案数字资源管理的创新及对策

在信息化时代，高校开始重点建设数字校园，档案数字资源在数量上也在不断增加。目前，在档案数字资源建设方面我们已经取得了重要突破，高校在档案管理方面的质量有了明显的提升。同时，分散的数字化信息资源也使信息资源在获取上无法达到要求。相关工作人员要针对"互联网 +"环境下的高校档案数字资源加以分析，然后提出具体可行的整合办法。

一、高校档案数字资源及其整合

（一）高校档案数字资源分析要点

高校档案数字资源分析要点有如下几个方面。①通过校园网络的应用，整合档案数字信息资源。利用目前高校的教学系统与线上办公系统，建设档案数字资源管理与服务平台。②对数字资源的标准进行统一，从而达到分析和整合档案数字资源的目的。针对现有的高校信息资源，构建新的标准体系，使资源达成共享、交换和传输的目的。③根据高校档案管理的需要，搭建完备的档案信息库，如文献目录库、多媒体数据库、全文数据库等，以满足社会档案资源从高校档案信息库中获取信息的需求。

（二）基于"互联网 +"的数字资源整合方法

1.建立档案数字信息资源系统

在"互联网 +"时代，建立档案数字信息资源系统，能够达到整合高校档案数字资源的效果。档案数字信息资源系统的建设需要相关信息技术提供技术支持。要利用较高的宽带技术对信息资源系统进行管理。在"互联网 +"的影响下，系统会通过多媒体技术、数据库技术等来实现对档案数字资源的获取、存储、交换、创建等。

（1）建设高质量事务档案数字信息库

在这个阶段里，必须保证数据的完整性、准确性、规范性以及稳定性。

159

在整合档案资源时，必须构建标准且规范的体系，这样才能保证信息库的质量。在信息库的建设中，要重点关注数据库和软件工程的建设工作，使其在质量和功能方面都有所保障，并确保数据和系统是兼容的，这样才能提高高校档案资源的管理质量。

（2）整合馆内档案数字资源

高校要以馆藏的实际情况为依据，对信息资源进行管理。利用正确的方式方法对电子档案进行搜集和管理，对数字与实体资源进行同步建设，还要基于实际的需要，在管理档案资源时，把数字资源也投入其中，强化和落实电子文件的保管工作，并维护电子资源的安全。除此之外，还要加强馆藏实体的数字化建设。高校档案馆有着丰富的信息资源，要将馆藏资源作为立足点，分析与整合数字资源，推进数字化的实体建设早日实现。同时，工作人员还要建立多个数据库，如文件级和案卷级的目录数据库、档案全文数据库，并应用面向服务（SOA）架构的交换模式，使档案馆与学校的各个系统实现数据集成。

2.建立档案信息集成系统

高校档案馆的形式是单独的数字信息库，需要整合数字资源，连接高校信息库，使它们之间建立联系。将单个的档案馆信息源组建成以数字形式存在的信息资源库群，可实现校际档案信息集成，构建综合档案资源库，并进行资源互补。对各大高校档案信息资源进行整合，实现数据共享，可以构建统一的档案信息数据库。在集成平台的数据资源信息库中，对各大高校优秀的数字信息资源进行统一和整合，提高档案利用率，实现校际档案工作交流，可以使教育资源更加丰富。

3.建立导航式档案信息检索系统

在"互联网+"时代，整合高校档案资源的目的是达成信息资源的共享。档案馆可以通过链接技术，将相关的数据源进行连接，使信息的查询过程更加简便，同时成立基于广域网的导航式信息检索系统。这个系统最明显的优势就是可以对档案馆的资源进行很好地整合，使用者可以很快查找到自己需要的信息，还能保证信息是准确且完备的。使用者只需要将关键词输入搜索栏，然后点击"搜索"，就可以找到自己要找的相关信息。具体来说，此系统的功能分为以下几点：①识别和使用档案时更加方便快捷；②能够保证信息的完整性和充足性；③可以在具体的标准下提供查找结果。使用者在对档案进行查找时，可以利用两种方法，即全文搜索和分类目录。这两种搜索方法都可以在该系统中得到应用。在对高校数字资源进行分析时必须制定相关的标准，使档案管理的质量和服务的质量都得到提升。

二、高校档案信息化管理工作的创新发展

随着"互联网 +"时代的到来，人们的生活模式和生产方式都发生了翻天覆地的改变，云计算、物联网等高新技术已逐步发展为时代的主流。

在高校档案管理方面，相关的工作人员也在积极探索信息化的管理模式。管理架构虽然已初步形成，但在一些细节上仍然存在很多问题。因此，高校在档案信息化的管理方面可以充分利用"互联网 +"的技术优势，使其为档案信息化管理的革新提供技术上的支持，从而加强高校网络管理建设。

（一）"互联网 +"与高校档案信息化管理工作改革与创新的融合

各个高校在信息化管理方面都有着不同的出发点，并且在管理特点上也有所不同，一些高校的档案信息量少而精，也有一些高校的信息量多又全。随着"互联网 +"时代的发展，高校的信息化管理工作与日俱增，信息在数量上和传递的速度上都有了非常大的变化。基于这样的背景，简单的信息化管理是无法满足档案管理工作要求的，而且档案管理工作的重复性、片面性和局限性也会大大影响档案管理的工作要求。同时，在档案的信息化管理过程中，相关的工作人员开始对档案管理有了个性化、多样化的要求，这就使高校档案信息化管理工作必须和"互联网 +"深度融合，实现"互联网 +"与高校档案信息化管理交汇共享，深化高校档案管理工作融合互通的改革与创新。

（二）"互联网 +"与高校档案信息化管理工作改革与创新的路径

1. 紧跟"互联网 +"高校档案信息化步伐

高校的档案信息化管理要与时俱进，紧跟时代发展步伐，以国家在"互

联网+"方面的战略为指导思想，从顶层对管理工作进行整体规划，大力发展高校档案管理，使其早日实现信息化管理。在"互联网+"背景下，高校档案信息管理应纳入高校教育总体规划，设计档案信息管理工作规划，满足档案信息管理功能需求，开发建设高校档案信息管理办公系统，大力推动电子档案中心、数字档案馆的设计与建设。加大"互联网+"方面的投入，为"互联网+"高校档案发展奠定物质基础，抓住网络时代的契机，提高管理工作的建设积极性，掀起档案信息化的建设热潮，打造高校档案"互联网+"的新天地。

2.深推"互联网+"高校数字档案建设

高校档案信息管理工作的改革创新需要结合"互联网+"技术，深挖高校档案信息资源，创造丰富的档案信息资源，为高校档案管理带来"活"源。笔者认为，在"互联网+"时代，高校档案信息管理改革创新应重视数字档案建设。

首先，高校通过对数字资源的顶层设计，将各个部门资源之间的界限彻底打破，对高校资源的归属和传输进行统一管理，成立大数据中心，制定资源共享机制，搭建信息服务平台；其次，大力推动实施高校"档案网络+数字资源"的发展战略，从而实现高校档案的信息化管理；最后，做好高校资源网络备份，做好数字资源的储备工作。要做好储备工作，就要重视信息的登记备份工作，特别是对于有价值的数字资源，一定要在最大程度上进行储备。高校可以根据实际的储备需求，有选择性地成立信息登记与备份中心，针对档案数字资源建立资源信息库。大力推进"互联网+"高校数字档案建设，并通过对档案的鉴别和解密，为档案管理工作带来源源不断的资源，使高校档案更好地满足人们的需求。

3.建设"互联网+"高校档案服务平台

高校可以将"互联网+"的思维引入信息管理工作中，使管理工作更具创新性，要遵循用户至上的原则，输送优质的档案，建设高校档案的网络服务平台，可以通过微博、微信、官方网站等平台，使档案管理工作人员的工作更加便捷。高校的信息化建设也可以借助这次机会，搭建信息化服务平台，对以往的档案管理模式进行改革，实现档案资源的共享。需要重点关注的一点是，高校对于"互联网＋"技术，可以充分地利用起来，通过微信、官方网站等平台为大众提供服务，并对原有的服务体系进行革新，在信息查阅和决策分析上为档案工作提供更多的支持。

充分发挥"互联网＋"技术的作用，通过高校档案信息管理软件、硬件和数据库的系统化建设，实现高校档案信息管理的创新发展。"互联网＋"高校档案信息化管理发展，可解决效率低、重复性强等问题，提升信息管理的质量，推动信息管理改革的创新。笔者认为，档案信息管理工作要把握住"互联网＋"的机遇，引导"互联网＋"创新，紧跟"互联网＋"档案信息化的发展步伐，深入推进"互联网＋"高校档案数字化建设，加快"互联网＋"高校档案服务平台的建设脚步，使档案信息管理与"互联网＋"进行深度融合，推动信息管理工作发展创新，开启高校档案信息管理的新篇章。

第七章 图书馆档案馆数字资源融合服务

第一节 图书馆档案馆融合的模式选择

我国管理档案馆和公共图书馆的行政部门并不是同一个，文化主管部门负责管理公共图书馆，国家档案局掌管全国档案事务。要想实现档案资源和图书资源的数字化融合，最关键的问题就是提供足够的证据证明档案馆和公共图书馆开展协同工作具有必要性和可行性。当前国内外的实践和研究都已完整体现馆际合作在共享和共建数字化资源的领域中拥有至关重要的作用。

一、图书馆档案馆馆际合作的基础及价值

（一）资源类型的相似性

档案记录的是个人、社会组织、国家机构在社会实践过程中的所有行为，拥有极大的保存价值，可为未来行为作参考。图书是通过一定的方法和手段将知识内容以一定的形式和符号，按照一定的体例，系统地记录于一定形态的材料之上，用于表达思想、积累经验与传播知识的工具。档案注重的是可记录性和原始性。书籍注重的是流通，就是有效地传播和交流相关知识。从两者的信息载体来看，有一定的区别，但是两者记载的信息内容本身拥有极强的相似性。第一，图书馆档案资源是人类文化文明传承最重要的载体，也是一个国家文化财富不可或缺的组成部分。第二，档案和书籍对于人们的作用决定它们的价值。图书档案代表的是知识和信息，它为用户和社会提供相关服务的过程与完美发挥它们的价值有很大关系。另外，网络环境下

档案和图书的主要形式是数字资源，资源类型由实转虚极大地促进了信息技术在这两个领域中的运用，使信息技术越发规范。

（二）愿景和目标的一致性

有部分学者觉得明确图书馆的核心价值、建立各个图书馆的核心体系仍然需要长时间的、艰辛的工作。[①]学生界认为公共图书馆的核心价值和使命就是"社会包容""促进阅读""知识传播""社会教育"和"保存知识记录"。[②]蒋永福教授对此提出新的模型——1+4模型，他深入地论述了公共图书馆的核心价值，如图7-1所示。[③]这些愿景和观念极其符合档案机构的相关职责。当前表现综合档案馆功能的形式一般是"五位一体"，即电子文件管理中心、档案信息利用中心、政府信息公开查阅中心、爱国主义教育基地、档案安全保管基地。随着实践的持续开展，档案工作渐渐从封闭工作变成开放工作，从只注重保存、忽视利用转变为注重对档案信息资源的利用和开发。管先海指出档案馆的核心价值就是档案机构在有序管理档案资源的基础上给予使用档案人员高效的服务，推动社会的发展和进步，所以，它可分为三个层级：①收藏资源的质量和数量；②开展档案服务的影响、效益、深度和广度；③档案人员的服务方式、服务态度和服务理念等。[④]综合档案馆的关键职能就是储存和利用历史史实。学术界逐渐认同两者拥有相同的地位，并不存在孰轻孰重。从整体角度分析，档案馆的收藏作用仍然占据重要地位，并且人们对于利用的认知程度也在逐步加深，经过大量的服务实践之后，好好利用档案更能体现档案存在的价值。

① 范并思.核心价值：图书馆学的挑战[J].图书与情报，2007（3）：2.
② 蒋永福.社会包容：现代公共图书馆的使命[J].中国图书馆学报，2009（11）：4.
③ 蒋永福.图书馆核心价值及其中国语境表达[J].国家图书馆学刊，2008（2）：21.
④ 管先海.对档案馆核心机制问题的若干思考[J].档案管理，2008（5）：28.

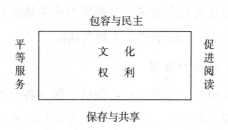

图7-1　图书馆核心价值模型

（三）服务理念的融通性

阮冈纳赞认为图书馆有五个原则，即书存在的目的是供人使用的；所有人都能平等获得读书权利；提升书籍使用率，所有书都需要读者；节约读者查询和等候的时间；作为机构存在的图书馆是有机的、不断生长的。此五原则展示图书馆服务最重要的观念就是"以用户为中心"；开展信息服务必然要遵守用户的思想。随着图书档案管理实践的持续发展，各种服务模式和观念都获得了不同程度的深化和拓展，如知识服务、个性化推送和定制、用户需求驱动等。在为用户服务的过程中，图书馆在不断地增大共享知识的范畴，而档案馆也在用户的使用中凸显自身的价值。

当前所有信息机构都在研究和面临的问题就是用户需求在随着网络环境的变化而变化，为了更好地适应真实的需求，所有机构都在持续地改进服务方式和组织模式。

（四）信息技术的标准化属性

信息资源管理的实践和研究很容易受到信息技术的影响，使它的实行方法、过程、对象产生变化。在档案、信息、图书馆领域应用信息技术，在某种程度上模糊了原本单个领域工作的范围，在单独管理实践中充分展示了信息技术的规范性。比如，在建设数字档案馆和数字图书馆时，运用搜索技术、数据库储存技术、信息组织技术的方式大致相同。所以，从信息技术的角度上看，数字档案和图书资源可以实现融合。

（五）管理实践的互补性

由对图书馆和档案馆管理实践的对比和剖析可知，在管理实践和学生研究领域，图书行业比档案行业先进得多。此种情况会促使档案部门主动寻求跨领域协作。而在两者团结协作的过程中，档案机构在储藏资源方面比图书馆要好得多，档案资源的可靠性、真实性、全面性和系统性对图书馆收藏有很大帮助。两者的收藏资源相互补充，对构建一个真实的、完整的社会会有所帮助。馆际合作在资源方面具备的长处能给予用户更好、更精确、更全面的信息服务。

（六）学科属性的临近性

档案学和图书馆学属于两个不同的二级学科，但它们都从属于图书馆信息与档案管理这个一级学科。因为它们在研究目标、研究方法、研究对象等方面具有极高的相似性，许多学者对于它们之间的跨学科研究极为重视。从跨学科研究规律可知，处于相邻位置的两个学科更容易发生融合和交叉。近些年，许多学者都极为注重当前网络环境下档案学和图书馆学的融合研究。

总之，档案机构和图书馆之间的协作拥有足够的实践和理论基础，两者在管理方式、资金来源、服务目的和目标、机构形状等方面都显示出极强的一致性。开展馆际合作，必须从整合数字资源方向入手，打破政策边界、行政隶属、学科等存在的界限，完全发挥收藏资源的长处，运用现代信息技术和平台给予用户更高效、更优质的知识服务。

二、基于我国现实的图书馆档案馆合作模式选择

我国现存的图书档案管理制度经过长时间的发展和改进存在一定的特殊性，它的人员构成、管理模式和管理体制相对稳定。随着许多发达国家（如欧美等）在馆际合作方面收获的多项成果，我国也在不断摸索，我们不能直接将对方的合作模式套用在自己身上，而是要充分考虑中国管理的背景，依据中国的实践特征选用恰当的合作形式。

中国管理图书馆和档案馆的制度非常清晰。中国图书馆体系包括专业图书馆、高校图书馆、各省和各市图书馆和国家图书馆。设立和管理档案馆的方式更是垂直的，全国档案事业由国家档案馆管理，省档案馆和市档案馆承担本行政区域中所有的档案工作，如协调、监督、指导等。由于这种行政管理制度，两者合作模式并不具备大范围推行的条件，但在小型企业和部分基

层县中，也有成功的融合实例。比如，中国许多社区负责总领全局的信息管理机构就实践成功了，典型代表就是青岛开发区综合展览馆、泰达图书馆档案馆等。它们能获得成功最关键的原因就是使用类型相对集中、服务用户清晰、数量相对较少和管理范围小。

我国主动发展的资源服务体系是全方位覆盖的、从上到下的体系，"全国文化信息共享工程"就是最典型的代表。我国在共享文化信息方面获得十分明显的成果，会员覆盖面和单位也在持续增加，信息量自然也在飞速增长。但是，在国家大型项目的实践过程中，仍会产生一连串的问题。比如，搜集的框架内容比有实际意义的资源要多得多、无法准确判断工程的收益和风险、直接忽略用户的特殊需求等。当前，公共图书馆、博物馆等从属文化主管部门的相关单位是参与共享国家文化资源项目的主要机构，很少有其他文化机构参加。而全国文化资源共享平台已经搭建了十分完美的信息基础设施网络，并推广到很多区域，我们可以以这个共享平台为基础主动思索更多、更有效、更多元化的合作形式。

我国最具发展空间的合作模式是相对灵活的组织合作模式。我国图书档案领域中具有最权威的学术资源、分布最广阔会员单位的学会就是中国档案学会和中国图书馆学会，它们才是推进数字文化资源共享和共建不可或缺的力量。第三方组织为用户提供的公共服务和产品更契合政府公共管理改革的方向。

图书馆档案行业存在大量的战略联盟，甚至在一些领域中都获得很好的成绩。虽然我国现在并没有效果显著的档案和图书馆联合机构，但从相关理论可知，创建联合机构是行得通的，有大量经验可以借鉴。档案联盟和图书馆联盟形成的运行机制、合作框架、基本结构对图书馆档案联盟来讲是最重要的支柱。

当前我国正处在创建和发展数字文化资源体系的历史转折点。国家对于数字文化资源建设十分重视，斥资搭建了覆盖范围极大的基础设施网络结构。基于这个具备多项功能的平台，各个参与主体应主动团结协作，探究新型的、多元化的合作模式，促使文化资源实现高效重组，发展和传播中华文化。

第二节　图书馆档案馆融合的元数据方案构建

选用恰当的合作模式是档案机构和图书机构之间进行实质融合的基石。创建合作的总体框架，以实现图书档案数字化融合服务这一目标最重要的一步就是实现馆藏资源的高度聚合。所以，讨论和拟定图书档案资源整合的规范和描述方法才是利用和整合图书馆和档案馆中拥有集合特性的资源、达成档案和图书信息资源一同访问的关键。迄今为止，经过实践我们得出限制图书档案数字化实质融合的关键就是档案和图书在使用的著录技术和分类标准上有最本质的差别。① 近些年，数字信息技术的飞速发展为泛在信息环境的形成提供了技术支撑；而相应的数字信息规范和标准也在不停地改进，与数字资源融合有关的技术获得远超以往的进步。这些对于解决图书馆和档案馆数字资源融合规范的问题是强有力的支持和保障。

一、资源融合的内涵及作用

资源融合指的是依据用户需求将相对独立的但有一定联系的信息功能结构、数据对象、资源个体以及它们之间的关系进行重组、融合、聚类后得出的信息数据资源体系。此外，元数据规范特指描述资源的规范的集合，它是规范数字资源管理信息系统中语义的最关键的技术规范，也可当作在信息系统中描述所有数字资源对象的系统规定。

IFLA 在 FRBR 报告中点明元数据的基本功能就在于它能获取信息（to acquire）、选择信息（to select）、标识信息（to identify）、搜寻信息（to discover）、定位信息（to locate）②。这种认知对于接下来描述资源融合、规范制订和分析资源描述有十分关键的指引作用。

从微观角度分析，如果不能精准判断对象层级的具体来源或者描述数字

---

① 张卫东，赵红颖，李洋.欧美图书档案数字化融合服务实践及启示［J］.图书情报工作，2019（36）：23.

② 宋琳琳，李海涛.大型文献数字化项目的信息资源整合研究［J］.图书情报知识，2014（4）：94.

资源对象的元数据方案是否有差别时，用户可以从相关资源融合的描述中发现资源融合的可用性信息和内容信息。了解资源融合中各个对象的有关特性，对用户在简单描述上挑选需要的资源融合有所帮助，同时可以促使用户搜索和发现相关的信息对象。

从宏观角度分析，资源融合描述对于异构信息系统之间的相互操作、发现和定位对象资源、施行分布式信息检索等方面可起到至关重要的作用。

（一）分布式信息检索

为了保证用户在分布式环境下搜索各种信息的要求，可在开放标准的基础上，从信息资源的描述和组织方面着手，为网络搜索工具、不同的数据基础、不同领域的信息资源提供所支持的资源融合描述规范，这是发现分布式资源过程中极其关键的方式。同时合理的资源融合描述可促使分散在更大区域中的异构数据相互勾连最终形成统一的整体，给予用户更好的资源导航和整合的工具以及互操作措施，以增大搜索范围，提升检索信息的能力。

（二）对象级资源定位与发现

资源融合描述包含很多种，如子资源融合描述、子资源之间关系的描述、对象级的描述、集合级的描述。这些描述不但对用户精准寻找集合级信息有帮助，还便于用户发现和定位自己需要的对象级信息或个别信息。

（三）异构信息系统间的互操作

资源融合的描述和资源对象的描述不一致。前者拥有分布式特征，且拥有许多层次，描述的对象可以处于不一样的信息系统，也可处于不一样的物理位置。所以，这些对象的搜索接口、类型、数据结构、格式均为异构的。一整套动态的、立体的资源融合描述规范不仅可以让异构资源对象之间无缝结合，还能支撑异构信息系统之间的互操作。

二、图书馆档案馆资源融合的参考模型

基于元数据应用、研发等全过程建立的规范化的数据参考模型明确规定了元数据的各项内容，如语法、语义、格式、结构等，以达到不同数据方案支撑整合数据资源、交换数据内容、相互访问数据的目的，对于创建拥有规

范性和开放性特征的数字资源元数据描述规范体系和标准框架有着极其重要的引导作用。如今，图书馆档案领域普遍运用的元数据参考模型有以下几种：DCMI抽象、FRBR、METS、OAIS模型等。近几年选用OAIS模型和METS模型的数字图书馆和档案馆的数量逐渐增多。

（一）OAIS模型

OAIS也被称为开放档案信息系统。它是关于如何实现数字资源的长时间储存和获取的参考模型，是当前世界上被广泛认可的获取和储存数据最标准的模式，在数字图书馆和档案馆中应用十分广泛。OAIS是一种负责接收提供者信息、储存信息、为特定用户提供信息的储存信息的系统，完成以上所有行为都需要信息包。OAIS系统中基本上包含三种信息包，发布信息包（DIP）、档案信息包（AIP）、提交信息包（SIP），而OAIS系统中最关键的逻辑结构就是AIP。

整个OAIS系统由6个功能模块组成，即访问利用、数据管理、数据存储、数据收集、保存规划、系统管理，如图7-2所示。

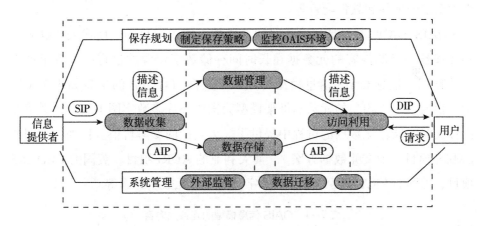

图 7-2　OAIS 系统

（1）数据收集。此功能模块负责从提供信息人员处收集SIP（即提交信息包），并确定其质量，再将其转化成与OAIS系统文件标准和数据格式契合的AIP（存储信息包）储存起来。同时需将SIP中的描述信息提取处理后导入数据库，完成更新数据管理的工作。

（2）数据存储。此功能模块负责接收上述模块的 AIP 并储存到系统中，保证所有存档数据获得长时间的储存和维护。当用户需要时，会将相应 AIP 传递到下一模块。

（3）数据管理。此功能模块的职责是保护描述性元数据数据库，保证用户能实时查询，支配用于支撑内部系统进行各项操作的管理性数据，同时为查询请求提供相应结果。

（4）保存规划。此功能模块负责监控 OAIS 环境、制定保存策略等，还要依据外部环境的变化，给予恰当的修正意见，达成随变化更新 OAIS 保存策略的目的，保证用户可以长时间地查询和运用 OAIS 系统中所有存档数据。

（5）访问利用。此功能模块负责接受用户需求后，查询储存在 OAIS 系统中的 AIP（存储信息包）和描述信息，并用结果集或是 DIP（发布信息包）的形式反馈到用户。

（6）系统管理。此模块是 OAIS 外部环境和内部环境交流的中心，服务于整个数据存储的所有操作，如支持用户访问利用、更新和转移存档数据、维护系统的硬件和软件配置等。

OAIS 模型的重点是达成长时间存储数字资源的目的，而代表数据内容和描述数字资源内容的元数据在长时间存储数字资源的过程中具有至关重要的作用。依据 OAIS 信息模型可知，元数据内容包含的信息如表 7-1 所示。根据表 7-1 构建的元数据框架模型为国内外许多数字图书馆和档案馆在设计长时间储存元数据的过程中提供了极为关键的参考价值。比如，中国的 CMDS 项目（中文元数据方案）、澳大利亚的 ADRI 项目、英国的 CEDARS 项目、美国的 ERA 项目以及其他数字存储项目元数据方案等。

表 7-1　OAIS 信息模型的元数据内容

内容名称	内容描述
内容信息 （Content Information:CI）	包括数据内容本身和描述数据内容的元数据

续 表

内容名称	内容描述
保存描述信息 （Preservation Descriptive Information: PDI）	包括参考信息（Reference Information）、上下文信息（Context Information）、起源信息（Provenance Information）、固有信息（Fixity Information)四部分
封装信息 （Packaging Information: PI）	将 CI 和 PDI 信息进行关联和封装，使之形成一个完整独立的数据信息包
描述信息 （Descriptive Information: PI）	描述数据信息包的属性和特征，帮助用户发现所需的数据信息包

（二）METS 标准

METS 就是编译和传递元数据的标准，是由美国数字图书馆联盟研发的，用于编译数字资源对象的结构性元数据、管理性元数据、描述性元数据的标准。此标准选用 XML 为编码语言，支撑管理数字资源对象以及馆藏数字资源机构和用户之间、机构和机构之间的交换数据。[①]METS 包含 7 部分内容，如表 7-2 所示。它与 OAIS 信息模型属于绝配，它对 OAIS 中编译元数据的 DIP、AIP、SIP 有至关重要的引导作用，也为长时间存储数字资源提供数据模型和封装模型。

表 7-2 METS 标准的构成

构成单元名称	构成单元描述
METS 头标	记录关于 METS 自身的相关元数据信息
描述性元数据	记录 METS 所要规范的数字资源对象的描述性元数据信息，包括指向 METS 外部的描述性元数据以及嵌入 METS 内部的描述性元数据
管理性元数据	记录 METS 所要规范的数字资源对象的管理性元数据信息，包括来源数据、技术元数据、数字出处元数据、知识产权元数据四种类型

---

① 赵悦. 数字图书馆元数据应用研究 [D]. 武汉：武汉大学，2005.

续　表

构成单元名称	构成单元描述
文件组	记录数字资源对象所包含的所有文件信息
结构图	记录数字资源对象与关联的文件和元数据的层次结构对应关系
结构链接	记录结构图中不同层次节点间的相互链接情况
行为	记录 METS 对象中的内容所关联的可执行行为

METS 标准在经过许多年的改进后，渐渐成为整个图书档案领域中公认的编译元数据的标准规范。它的优点包含：① METS 将元数据分成结构性元数据、管理性元数据、描述性元数据三种，用结构性元数据连接数字资源对象内容和其余元数据，并将数字资源对象内容和可开展的行为联系在一起，进而完整表示一个数字资源对象；②能依据随意类型的逻辑结构或是物理结构形式展示各种格式的文件（视频、音频、图像、文本等）；③拥有极强的兼容性，可支撑许多类型的元数据，在它的整体架构中可以实行许多元数据标准的有效集合，如 EAD、MARC、DC 等；④ METS 的编码语言为 XML，能实现与所有 Schema（即 XML Schema，元数据的一个抽象集合）交换。

（三）图书档案资源融合的元数据方案

要想实现图书馆和档案馆馆藏数字资源融合服务功能最基本的条件就是设计对应的元数据计划。它的目的就是为资源融合过程中触及到的各个资源类型提供编码方式和属性定义，同时提出相应的资源管理计划。描述图书档案资源融合与单独描述档案馆或图书馆馆藏资源不同，前者是后两者的整合，所以前者选用的元数据计划和后两者也不一样，它需要完成资源对象不同的元数据标准之间的互操作，所以必须思考制定一个可拓展的、灵活的、通用的元数据标准。

1.元数据方案的总体设计

（1）方案设计的基本思路

优秀的元数据方案必须拥有极强的可拓展性、互操作性等特性。在图书档案资源融合过程中会触及到很多资源类型,它们有各种各样的特性,且描述资源选用的元数据标准也不尽相同。因此,为了保证尽可能多地发掘数字资源的内容和维持现有资源的组织结构不被破坏,选用的元数据方案肯定不能是统一的、现有的,应为各种元数据标准共存的方式,即"混合型"方案。对于此种方案,必须确定核心的元数据集,便于实现此核心元数据集中各种原始数据的结合和转变,从而解决因运用不一致的元数据标准而产生的互操作困难。

(2)方案设计的原则

一般在设计方案时要遵守以下原则:①简单性原则。尽量选用简单的方式描述资源的集合,便于在减少成本的同时实现元数据标准之间的互操作。②专指性原则。方案必须符合描述特殊领域资源时强调的特别需求。③互操作性原则。元数据最重要的作用就是处理互操作问题,所以方案需要运用多种方式达成元数据互操作的目的,如转换机制、创建映射、修饰词和拓展方式、标注方案、复用元素等。④可扩展性原则。即元数据方案必须以遵守上述原则为基石不断扩展,确保将来提出的元数据方案符合用户更完整、更新的需求。

(3)方案的结构内容

元数据相当于打通了人和机器交流的渠道,它的方案内容由机器和人两种要素决定。人作为使用者,需要元数据将特殊对象运用的内部特性展现出来;机器则意味着一定要将元数据设定成标准化的语法和语义,进而发挥元数据的作用机制。此外,元数据本身也需要设计一定的内容,如扩展、维护、应用方案等。所以,完好无缺的元数据包含内容如表 7-3 所示。

表 7-3　元数据方案定义的内容

内容名称	内容描述
元数据的资源描述方案	用于完整揭示数字资源的内容属性，包括描述资源的核心元素属性集、扩展集、限定方案、完整语义定义、关系、数据类型以及重复、可选的规定等
元数据的置标方案	以 HTML、XML、RDF、XMLs、RDFs、OWL 等语言将元数据方案形式化，进而提供使用元数据的方法
元数据的映射及转换方案	这是元数据服务的一项重要内容，提供不同元数据标准间的动态映射、自动映射等
元数据的著录方案	元数据方案应用于具体资源类型著录时的细节描述
方案的应用、维护与扩展机制	元数据方案描述规范体系的建立、应用、维护与更新

2.元数据的资源描述方案

（1）属性元素集（词表）定义

为了确保和国内惯用方式相同，描述图书档案资源融合时所有的属性元素不但要基于 DCMI 格式得出，还要参考 ISO 11179 中的相关要求准确定义相关属性。现选择 12 种属性准确定义：注释、修饰词、频次范围、数据类型、术语类型、定义应用规则、语言、注册机构、版本、资源标签、资源标识、资源名称，定义如表 7-4 所示。

表 7-4　属性元素集定义

属性名称	属性定义
名称	元素的名称
标识	元素的唯一标识符

续　表

属性名称	属性定义
标签	元素的可读的标签
版本	产生该元素的元数据标准版本
注册机构	注册元素的授权机构
语言	元素说明的语种
应用规则	元素的应用规则
定义	对元素概念与内涵的说明
术语类型	术语的类型，包括元素、元素修饰词和编码体系修饰词这三种类型
数据类型	元素的数据类型，如字符型、数值型等

（2）属性元数集——核心元素集及其扩展

选用混合型元数据概要形式描述图书档案资源融合的元数据方案时，整个元素集可分为两部分，即扩展集和核心集。其中核心集的基础元素是DC的12个元素，再依据资源描述的要求和特性，复用了RSLP的数字存储或物理存储的标识以及EAD的数字资源位置、实体位置、获取方式、馆藏单位这4个元素。扩展集是关于特殊类型资源的特性集合，依据网络资源、文本、图像、音频、视频等不同类型的资源特性，除了以上关键元素外，适当填补一些必需的元素修饰词或特定资源分类特性。

3.元数据的置标方案

在确定属性元素集以后，再运用OWL、RDF、XML、HTML等置标语言，使元数据方案形式化。当前很多元数据存储的形式都是DTD文件或XML Schema，为了保证不同元数据转变时更为方便，此研究选用的编码方式是XML、RDF，直接用编码的方式展示元数据方案中定义的元素属性。现以XML、RDF句法描述图像资源类型的元数据为例进行详细讲述。

描述图书档案资源融合的元数据方案定义的特定属性和元素属于巨大的

内容体系，为方便组织和描述，在此专门定义一个空间命名为 1a，用于收藏元数据方案中的所有元素，地址是"D：\metadata\elements"。再定义一个空间命名为 1aq，用于收集元素的修饰词，地址是"D：\metadata\qualifiers"。

4. 元数据标准的映射及转换方案

虽然各个图书馆和档案馆机构在数字文化资源著录和编目元数据时选用同一个元数据标准，能保证数字资源在组织过程中是一致的。在泛在信息环境下，不同的应用层次和领域都包含多种元数据描述方式，只有搭建合理的元数据互操作体系才能完美实现运用不同元数据描述的数字资源之间的整合和连接。现今，普遍运用在图书档案领域中的元数据操作方案有以下几种：在 Z39.50 检索协议或是 OAI 检索协议基础上开展的元数据复用和元数据开放搜寻、元数据转换等。运用元数据转换方案的图书馆很多，如欧洲数字图书馆自主拟定的元数据标准 TEL，它能和 UNMARC、MARC 进行相互转换和映射。

所谓映射就是对应，在元数据标准之间形成映射就是在目标元数据和原始元数据之间创建一种对应关系，简言之就是将根据原始元数据标准得出的数据信息通过某种关系转变成依据目标元数据标准得出的数据信息。[①] 当前，大部分元数据标准都是基于 RDF、XML 编码方式形成的，所以元数据标准的转换其实就是将一个运用 RDF、XML 编码方式形成的 XML 文件经过相应的规则转换成另一种运用 RDF、XML 编码方式形成的 XML 文件的过程，如图 7-3 所示。图中元数据转换器的作用就是剖析两种标准的元素对应关系，观察对应元素的般配度，同时依据准确的转变标准，将原始文件中的某些元素转换成目标文件的对应元素，如图 7-4 所示。

图 7-3　元数据标准的转换过程

---

① 野菊苹 . 数字化科普资源分类体系和元数据交换研究 [D]. 上海：华东师范大学，2013.

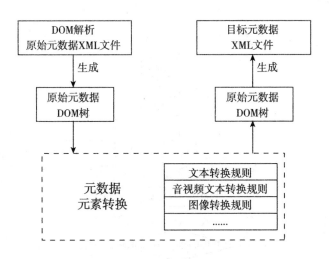

图 7-4　元数据转换器的实现原理

对于上文提到的四种元数据之间映射关系的转换规则，具体算法描述如下。M_1 代表原始元数据，M_2 代表目标元数据，Value 代表元数据中的对应元素，当有多个元素对应时，可用两个元素表示。

（1）一对一关系转换的算法描述。依据一一对应关系制定的转换规则，完成转换的流程如图 7-5 所示。

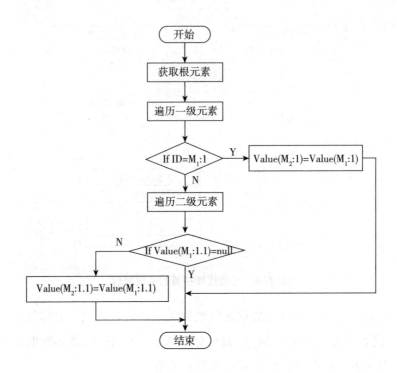

图7-5 一对一关系转换的算法流程

（2）一对多关系转换的算法描述。依据一对多关系界定的转换规则，完成转换流程如图7-6所示。

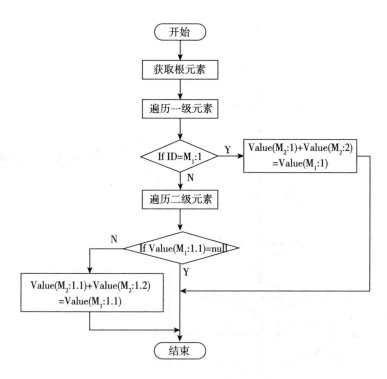

图 7-6　一对多关系转换的算法流程

（3）多对一关系转换的算法描述。依据多对一关系界定的转换规则，完成转换的流程如图 7-7 所示。

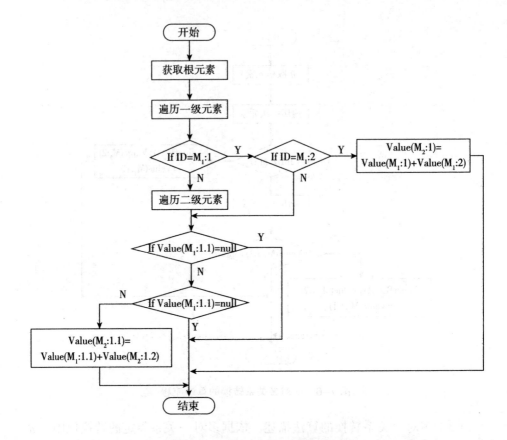

图 7-7　多对一关系转换的算法流程

（4）无对应关系转换的算法描述。依据无对应关系界定的转换规则，完成转换的流程如图 7-8 所示。

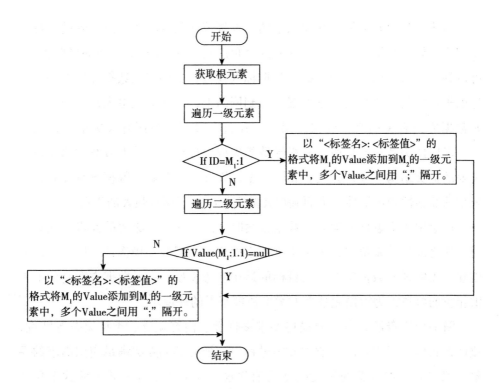

图 7-8　无对应关系转换的算法流程

5.元数据的著录方案

整合图书档案资源必然会面对各式各样的资源，且差别极大，而管理所有资源的工作人员，也不一定清楚所有的资源。因此，为了方便运用元数据必须编撰元数据的著录，也就是制定相应的著录规定。这对于选择编码体系、运用元数据时知晓其属性元素、著录范围、资源类型的独特性至关重要。

著录规范是真实执行的方式，绝对不能脱离元数据规定的范畴。所以，它包含下列内容：①按照属性定义（元数据资源描述方案中定义的）描述和展示资源的内容和形式特征，同时制定准确的操作规范；②规定元素属性和内容的实际特性、取值和设置，同时确定各个元素在资源著录时需要记录的取值范围和内容；③对于需特殊处理的各种事项提供必要的著录实例；④著录时必须对每种类别的资源都编撰对应的规则，从而尽可能详尽地描述各种资源的内容和特性。

　　描述资源的元数据方案和原本的标准规范在某种程度上是一致的，都需要相应的管理和维护制度。单纯从这个角度看，DCM 在此方面的经验很足，可以好好参考：第一，为保护元数据标准规范，可创建元数据注册体制，通过电子资源的方式将元数据方案公布到网络上，自然能在更大范围内收集与元数据方案有关的修正建议；第二，在整个过程中参照有关标准，并依据一一对应的关系，改进版本升级导致的失误；最后，将数据方案中描述资源需要的语义结构、编码方案、属性元素区别开来，确保元数据方案拥有最大限度的兼容性和灵活性，进而确保元数据标准规范拥有强大的生命力。

　　在应用基于数据元素的元数据方案时，因为它缺少必要的元素之间和不同实体之间的关系描述，不利于维持不同应用之间的互操作性。所以，还需创建完美实现元数据资源描述目标的运用参考模型，在元数据方案基础上提供相应的服务，为运用元数据方案构建最基本的环境。

　　图书档案资源具有资源描述要求多样性、内容宽泛、类型繁杂等特性，致使在具体运用现存的元数据方案过程中，极易形成无法满足应用需求的现象。拟定元数据方案的拓展制度是消除这种现象的最佳方式。从这个角度看，可在"元数据应用纲要（Metadata Application Profile）"提出扩展元数据标准规范的开放应用制度的基础上，在一个元数据方案中融合多个标准规范数据元素，从而满足资源描述的应用需求，消除标准规范和运用需求之间的界限。

第三节　图书馆档案馆数字资源融合的服务模式

　　资源融合和机构整合为图书档案数字化融合服务打下了坚实的基础。美国和欧洲的发达国家在实际项目中都创建了在线运用数字文化资源的系统。在线应用平台具有极高的集成性，经过链接或其他方式将合作伙伴的网站集中在一起，经过创建共享知识库将合作伙伴的馆藏资源集中在一起，在利用一站式服务平台将多种形式的服务模式集中在一起。创建一站式服务平台就是为满足用户各种使用要求，平台通过多元化的服务方式给予用户满意的服务，实践信息服务和发展信息技术是实现集成化服务模式的现实基础和技术支撑。

一、基于馆藏内容的知识服务

在全世界范围内开展档案、图书等文化机构的协作，会面临一系列的问题。因为不同的文化机构会对文化遗产部分进行单独保护，因此，文化归纳法并不能发挥其真正的作用。从用户的角度分析，他们也并不清楚能够从哪种类型的网络系统或文化机构中，查询到自己想要的资源。而用户的行为拥有极强的行径依赖性，当面对上述问题时，用户一般会选用自己使用次数最多、最熟悉的机构，即使其他类型的机构更符合他们的需求。丹麦学者 Ruth Hedegard 曾对此有详尽的叙述，当用户想知晓一个机构的成立信息时，他会去档案馆中寻找，也许会查到此机构在某个关键周年庆典中获得的锦旗和奖章，也会查到该机构成立之后所有有价值的真实记录；他会去图书馆中寻找，可能发现与该机构有关的出版物。以上叙述表示用户在搜索自己想要的信息时，会从多个渠道进行，但实际上储存在各个文化机构中的关于某个信息的各式各样的资源（书籍、视频、录音、图片、实物等）远比用户以为的要多得多，但用户想要全方位检索所有的信息必须花费大量的时间和精力。因此，用户需要一种将各个文化机构的馆藏内容进行有效整合的服务方式。

与以往相比，用户在现在的网络环境中更注重信息内容的有效性，而不看重信息来源是哪个机构。在这种情况下，我们设定了一种在馆藏内容基础上提供知识服务和信息检索的新模式，如图 7-9 所示。此模式包括验证模块、提取（输出）模块、匹配模块、描述模块和查询模块。

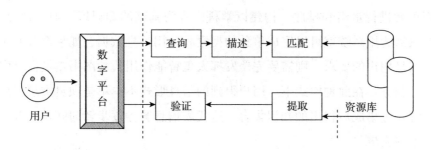

图 7-9　基于馆藏内容的信息检索与知识服务模式图

查询模块是用户提出需求的模块，它包含很多种查询方式，应用最多的方式就是搜索关键词，而查询页面一般都包含加入数字字段这种职能化的关联功能，用于辅助用户更精准地输入自己的查询要求。描述模块负责将用户的要求转变成平台系统可识别的描述，包含图像信息和文本信息的特性。匹配模块负责依据一定的规则从资源库中搜索与描述用户需求特性相近的资源并排序。分类方式也包含很多种，应用最普遍的就是来源、时间和关联度等。提取模块（即输出模块）会将匹配模块的结构以列表的形式展开，方便用户挑选和应用。验证模块负责判断搜索到的内容与用户的要求是否一致。

此种模式拥有以下特性：①先匹配与需求相近的，再进一步匹配最优解。依据当前的技术条件，会优先显示一些与图像和文本信息描述相近或确定的数据，同时系统会依据需求持续收缩检索范围，进而得出最符合要求的结果，一般来讲结果相对精准。②交互性极强。用户以内容作为检索条件时，有极高的参与性，用户在检索页面输入要求，同时对搜索到的结果进行相应的判断，能实时反应用户对搜索结果的满意度。当用户对系统结果不太满意时，可询问专业馆员获得相应的帮助。③检索既及时又快速。搜索速度由两方面因素决定，一是搜索技术是否足够先进，二是数据库的结构化程度的高低。通过重构的数据库一定符合及时且高速检索的要求。

在馆藏内容基础上开展知识服务模式，最终效果由两方面因素决定：一是图书档案资源整合后的知识储量；二是人工服务的相关知识。整合图书档案资源的最终目的就是提升单个资源的知识性、综合性和系统性，而最关键的一点就是依据相应的学科类别将分布在各个馆藏系统中与对应学科有关的知识单元进行重组和排序，构建以学科内容为基础的知识库。通常情况下，用户只需运用系统就可以完成单独的搜索和运用信息数据，如果系统并不能完全满足用户的要求，则需要完美发挥人工智能作用代替图书馆员提供咨询和参考服务。在此种模式下，用户得到的信息形式不单单是项目类型，而是在系统经过集成后得出的知识集合，这代表信息服务逐步转向知识服务，且迈出了一大步。

二、基于用户需求的个性化服务

用户的需求逐渐变得五花八门，类型不一样的用户对于搜索结果、服务方式、知识内容的要求也不全一致。因此，信息管理领域逐渐注重个性化服务，方式就是运用推送和定制的形式为用户服务。开展个性化服务的基础就是依靠人工智能和网络技术自主地判读和预估用户的要求，深层发掘用户的兴趣，主动向用户推送符合其要求的相关服务。

个性化服务系统包含三部分：推送引擎、用户兴趣数据库和用户模型，如图 7-10 所示。用户模型包含两部分：用户需求预测和用户特征收集。用户的行为特征基本上是经由用户的浏览行为信息、用户的搜索命令收集和用户注册系统等渠道自动收集的。而用户需求预测就是将搜集到的用户行为特征进行详细地分析，预测用户的某些兴趣。用户数据库是通过将特征进行聚类、分类、提取后得出的，它是推送服务最关键的凭据。推送引擎主要负责依据用户模型得出的预测结果向用户推送相应服务，一般还会依据用户独特的要求，向用户推送电子邮件和 Web 页面。

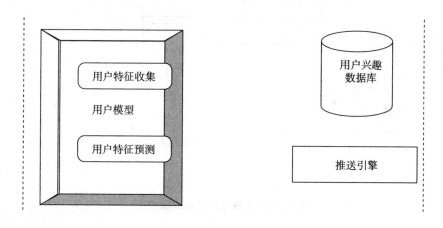

图 7-10 个性化服务系统构架图

个性化服务模式特别重视与用户的交互性，这主要体现在用户登录界面上。系统为了收集用户更多的信息和特性，需要用户先在平台上注册，注册时必须填写许多基本信息，如电子邮件、兴趣爱好、工作领域、年龄等，这些全都是系统创建用户模型最必要的信息。推行个性化服务的网络平台可以向用户提供独特的定制服务，只需用户依照自己的喜好和兴趣将定制需求发送给平台即可。用户的需求经过手册或是系统处理后，系统会将相应服务直接采用邮件形式发还给用户或者直接推送到用户的界面。用户的检索行为和浏览行为是系统通过扫描和跟踪方式为用户模型收集的用户特性最关键的依据，用户的检索行为是系统实现即时检索的基础，而这些行为会作为用户的兴趣数据导入到用户模型中，并逐渐演变成用户的兴趣数据库，库中的信息会不停地更新和增补，同时系统会依据兴趣库中最新的信息向用户推送服务信息。在整个个性化服务体系中，最受重视的就是用户的作用和需求，用户检索信息，系统提供检索结果，用户就结果提出意见并经由反馈系统转交给平台，对改进平台服务有很大帮助，如图7-11所示。评判服务质量最重要的依据就是用户对服务的满意程度，自主、高效的个性化服务对提升用户应用感受有很大帮助，且会增大平台的影响力，形成榜样效应，进而吸引大量的用户进入此平台，并合理运用文化资源。

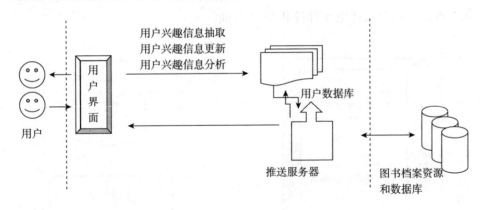

图7-11　个性化服务模式流程图

三、基于移动互联网的泛在智能服务

移动互联网是传统互联网和移动门户通信相互结合得出的新事物，它的出现对人们生活方式有很大影响，应用智能手机吸取信息资源的方式被越来越多的人所采纳。移动互联网拥有服务便利性、业务即时性和终端移动性等特性，它不但促使用户行为发生变化，也促进了社会分工的分化和相关产业的竞合。从用户角度分析，用户的运用行为在移动互联的环境中产生了极其明显的变动。第一，移动互联网用户获取信息时带有碎片化、泛在化的特

性。泛在化主要是因为新型的移动互联网直接改变了原本 PC 机必须放置在一定物理空间中的情况，用户可以随时随地地获取信息。伴随着 5G 时代的来临，公共 Wi-Fi 的覆盖范围连续扩大，上网感受和接入网络的速度都取得了进一步的改进，泛在学习、消费、阅读的方式更能获得广大用户的认可。碎片化则是由于用户只要拥有接入互联网的独立移动终端，就可以随时、随地应用相关信息。第二，在应用内容上展现出表层化特性。用户在移动互联网中搜索信息的次数依然是最多的，他们通常都是依靠专业的 APP 来获取信息，这种用户的依赖性和网络信息的过量输入致使用户只能应用表层化的信息。另外，用户的应用行为具有随机性和即时性。以上种种都要求信息服务商必须提供更智能和高度更集中的服务。

在移动互联网环境中，图书馆最先接受挑战，在实践界和学术界逐步推行泛在服务、移动图书馆等观念和模式。部分图书馆直接列出一系列的移动馆藏让移动互联网用户自行挑选，比如西北大学图书馆、杜克大学图书馆、美国北卡州立大学图书馆等都可以向用户提供移动馆藏；德国巴伐利亚州图书馆将数字化的手稿和典籍提供给用户；大英图书馆为用户提供无版权问题图书的免费下载。[①] 而且在互联网的大环境下，一些国内外的图书馆都开发了专为用户服务的移动 APP，此 APP 包含以下几部分。

（1）检索文化资源的模块。用户在打开 APP 界面后需要先注册，用户的注册信息是 APP 为用户提供个性化推送服务最关键的凭据。注册完以后，会出现搜索界面，此界面是指向 APP 所有资源的智能化导航界面，拥有极强的交互性，有各式各样的搜索方式，用户可依据自己的需求向系统输入搜索指令。系统会在后台主动搜索与用户需求相关的信息资源，并依据相应的顺序将结果列举出来。

（2）智能推送模块。系统通过收集到的用户行为特性，主动搜集用户的要求信息，打造用户兴趣数据库和用户模型，再向用户推送相应信息。

（3）在线展厅模块。图书档案资源经过一系列的整理、重组后，再依据对应的主题划分成几类，得到以各类主题内容为基础的知识库。馆藏的形式有很多种，如文本、图像、声乐等，依据对应的主题内容将各种形式的馆藏

---

① 方胜华，李书宁. 走向移动互联时代的图书馆服务 [J]. 图书情报工作,2011（23）：74.

资源实行数字化陈列，对用户更深层地理解相应主题有帮助，也能促使用户产生了解相关资源的动力和兴趣。

（4）在线参考咨询模块。馆员和用户可以通过 APP 这种平台实现友好交流和沟通。用户可将自己的要求和反馈直接从应用界面上传输到馆员界面，馆员在收到信息后及时为用户提供相应的咨询和参考服务。在移动互联网基础上开展的参考咨询服务比普遍意义上的数字化服务更方便、更快捷。许多 APP 还创造虚拟社区，用户可以在此社区中随意讨论，自动得出相关内容，实现有效交流，还能共享相关知识。

四、基于语义的跨媒体服务模式

云计算和语义网等先进信息技术促使用户更改自己取得数字资源的环境和方式，用户的要求开始从获取单个媒体资源逐渐变成获取跨媒体的知识集合的资源，取得资源的方式也发生相应变化，即从单方向接受变成相互交流、参与。现代信息社会的数字文化资源拥有多媒体化的特征，想要达成数字文化资源知识集成服务的目标必须解决它自身的语义异构和媒体异构的问题。目前，为消除数字文化资源跨媒体整合和组织的困难，文化部门必须创建一整套符合各式各样媒体类型的数字文化资源的联系组织构架和语义描述模型，因为实现数字文化资源知识集成服务的基础就是将它的跨媒体知识关联组织和与语义描述整合到一起。跨媒体知识关联组织工作最需要解决的困难就是各种媒体类型档案资源间存在知识关联和语义互操作，如果要达成这个目的必须制定一整套的科学标准规范，且做好相应的顶层设计工作。达成数字文化资源跨媒体知识集成服务的目标，不仅能推动信息资源智能服务的进步和发展，也能提高用户的感受效用，进而帮助用户收获更多的价值。

在语义的基础上实现跨媒体数字文化资源服务包含两层含义：一是语义搜索；二是语义组织。语义组织是在整合资源中进行语义检索的基础，语义检索是实现跨媒体服务最关键的方法。图书档案资源的语义组织构架包含五个层次，即数据关联层、数据发布层、特征描述层、特征提取层、数字文化资源层，如图 7-12 所示。数字文化资源层是图书馆和档案馆在系统整合之后形成的数字文化资源，是用户运用资源的数据库。特征提取层负责提取各种类型数字资源的特性，创建索引库和特征库。其余三个层面选用采用RDF三元组描述文化资源的相关特性，构建数字文化资源领域本身基础上的元数据集，且通过关联数据公布制度将其公布出来，组成语义互联关联性数据网络。① 如图7-12所示，实现跨媒体语义检索的过程为用户在界面向系统提交相应搜索要求，系统分析用户提交的示例并在领域本体的规范下提取示例的特征，搜索符合特征的资源，系统将检索结果经整合、分析后再呈现到用户界面。

在语义基础上实现跨媒体检索服务，直接将原本单调的文本服务模式转变成多种资源服务模式，最大程度满足用户在多媒体资源（视频、音频、图像等）上的要求。

---

① 吕元智. 数字档案资源跨媒体语义检索实现框架与关键问题研究 [J]. 档案学研究，2014（2）：67.

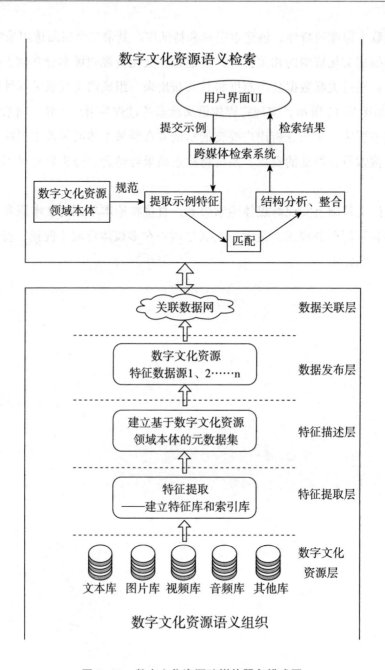

图7-12 数字文化资源跨媒体服务模式图

第八章　图书馆档案馆数字资源融合服务实践

第一节　客观环境条件优化

一、加大政府介入力度，不断深化政策指引

各地要重视图书馆档案馆数字化服务整合建设，并将它归入当地政府建设公共文化服务体系以及文化发展规划中，切实架起整个组织结构，做好全面规划，依靠社区文化中心、文化馆（站、室）、公共电子阅览室、各级文化共享工程中心、各级档案馆、各级公共图书馆等组建"三大数字文化惠民工程"的公共电子阅览室。注重公共文化基础设施，注重教育、科研等系统的联合建设，形成合力，共同推进图书馆档案馆数字化服务一体化建设。要以资源建设为抓手，开展惠民服务，加大宣传力度，营造全社会关注、参与、支持图书馆档案馆数字化服务一体化的良好氛围，使公众充分享受到图书馆档案馆数字化服务的融合成果，更将此成果惠及更广泛的基层群众。

在图书馆档案馆数字化服务整合实践中，政府的介入是必不可少的。一般是利用政府自身的行政权力，对档案与图书馆数字服务整合所涉及的宏观方面的利益进行综合考虑和平衡。政府在图书馆档案馆数字化服务整合中的引导作用表现为行政和政策引导，即利用行政和政策手段进行调控。

在政策方面，政府制定了与图书馆档案馆数字服务整合相关的各项政策，并通过收策的引导、调控和干预来规范图书馆档案馆数字资源共享主体的活动和行为。政府可实施宏观调控，支持和引导全社会力量参与到图

书馆档案馆数字服务整合过程中，使所有利益相关者共享档案和图书馆数字资源。

二、积极构建符合数字服务的法律法规和相关机制

档案馆与图书馆数字服务整合工作必然会触及很多与利益相关的系统，必须努力调解各种利益关系。所以，档案与图书馆数字服务整合的立法规范包含了多方面的内容。该体系与很多法律法规都会产生交集，如出版法、标准化法、知识产权法、信息法、档案法、公共图书馆法等。通过立法，明确了档案与图书馆数字服务整合中存在的问题和可能存在的问题，使档案与图书馆数字服务整合规范化、法制化。在图书馆档案馆数字化服务融合过程中，可能存在违反知识产权的情况，所以在立法时一定要注意，为共建公共秩序、共享数字信息预留一些公共领域，且要依据经济的调整和技术的发展持续采用恰当的手段。

所以，要达成档案馆与图书馆数字服务整合的目的，一定要努力探究公共数字文化建设的相关法规和政策，完备法律法规，增强政策保障，并将其归入公共数字文化建设。

要想达成档案馆与图书馆数字服务整合的目的，必须在图书馆和档案馆之间建立友好的协作关系以及合作关系，必须制订分步骤的、准确的合作计划，并且创建科学的监督制度、绩效评判制度和管理制度。

三、整合现代技术进一步优化图书馆档案馆数字服务

当前网络环境中的信息资源的格式是多数据的、多载体的、异构的、分布的，这种情况自然会增加整合图书馆和档案馆数字资源的棘手程度。要想达成图书馆和档案馆数字服务融合的目的，必须在融合过程中运用先进的移动通信技术、网络技术、数字技术、计算机技术等，创造新的表现形式，扩充服务内容，扩展服务途径，规范融合过程，最终形成包含管理、服务、技术、资源等内容的标准规范体系，从而保证图书馆和档案馆数字资源的共享、共建、共知。尤其是要结合图书馆和档案馆数字服务的真实需求，以核心业务流程为中心，创建操作规范，并且选用当前国内外形成的十分成熟

的标准，如果没有，可依照图书馆和档案馆数字服务的真实需求拟定相应标准。当此标准经过实践检验后，属于成熟标准时，需将其转变成行业标准，乃至国家标准。

四、积极引导支持社会资本进入图书馆档案馆数字服务领域

将公益性文化活动和重大公共文化服务、产品归入公共财政中，创建并完善投入图书馆档案馆数字服务整合工作中经费的长效机制。尽可能发挥财政资金在整体中的杠杆作用，激励和指引社会资本参与到图书馆档案馆数字服务整合中来，一步步打造新型的多元化投资机制，即政府投资占主体、多种社会资本自主参与的机制。

五、有针对性地加强对图书馆和档案馆数字服务人才的培养

随着国内外图书馆档案馆项目和数字服务集成项目持续实践，图书馆档案馆业务表现出多学科、跨学科的特征。对人才的首要要求是掌握计算机科学相关知识。它不仅是简单的软件技能，而且必须熟悉程度高。它要求工作人员不仅要具备信息处理能力（信息传播、信息存储、信息处理、信息获取、信息组织等），还要拥有信息服务能力（决策支持、信息咨询、信息数据分析等），同时要坚持以人为本、服务至上的现代化的、专业化的观念。新型人才必须具备充足的技术知识和理论知识，一体化培养档案馆和图书馆相关人才。

第二节　建立图书档案数字融合服务管理机制

建立图书档案数字化融合服务是一项复杂的系统工程，受到多方面因素的影响，如复杂风险、多主体、资源管理方法、技术标准和政策规划等。系统整理各因素对图书档案数字基础服务的影响，创建综合保护制度，对实现图书档案数字集成服务有至关重要的作用。图书档案资源是传承和连接世界文明与民族文化最重要的载体和纽带。不论是数字虚拟服务还是物理实体管理，始终是由独立、分散的运营和单独的治理主导的，这不但冲破了纵横交

错的文化传承网络，更是直接阻碍了文化共享信息资源更高层次的发展。所以，所有学者首先要解决的困难就是怎样建立图书档案数字化融合服务，并保证其完美运行。当前，学术界更注重搭建相应的技术平台来推动图书档案数字化融合服务的开展，而保障该服务发展的机制并没有相关研究。因此，在推动图书档案数字化融合发展的基础上，还需要将技术标准作技术支持、资源整合作储备、管理协调激励作配合，控制安全风险，并分析他们之间的相互联系。

一、技术标准实现支撑机制

运用数字信息技术和相关标准做支撑才是保证图书档案数字化融合服务有效开展的关键。图书档案数字化融合服务和传统的以实体建筑为基础开展在物理空间内的服务，最关键的区别就是前者必须依靠数字信息技术和相关标准，如果缺乏相应技术的支持，所有服务都是一句空话，只能存在于虚假的数字资源整合集成服务想象中；如果缺乏相关标准的支持，特别是共有元数据的互操作和著录标准，以及必须遵守的、统一的开放协议，那么所有服务根本无法达成数字资源的无缝衔接和深层共享，在创建相应平台之初就无法进行下去。所以，图书档案数字化融合服务发展中至关重要的一部分就是开放相应技术和制定相关标准。

数字信息技术与标准支持图书档案数字化融合发展表现在以下几方面：纸质载体信息数字化技术、数字资源存储技术、统一开放协议和元数据著录技术与标准、分布式异构数据跨库检索技术等。

纸质载体信息数字化技术是开展图书档案数字化融合服务的先决条件，确保了在线资源的真实性和可用性，特别是拥有本源性的档案信息，其在形成过程中记载的真实记录至关重要，即使是要将它进行数字化处理，务必确保应用不损坏原始记录的技术，简言之就是绝对不能失真，一旦出现失真，相当于丢失本质，所以，处理这种高清图片的标准和技术不可或缺。

数字资源存储技术是开展图书档案数字化融合服务的关键，提供了十分重要的后台管理技术。如果此技术不能确保整个平台的平稳运行，会直接导致融合服务无法实施下去。比如，欧洲数字图书馆在 2008 年 11 月 20 日当天就曾发生过这种尴尬的情景。欧洲数字图书馆集成了欧洲档案馆、图书馆、艺术馆等地海量的数字记录，包括音乐、地图、日记、影像、油画、照片、手稿和著作等，它是人们研究欧洲文化最关键的出入口，但在上线第一天就因服务器存储技术问题暂时崩溃，此平台最开始设计的每小时访问人次只有 500 万人，而实际运行过程中每小时访问人次超过 1000 万人，所以直接崩溃，直到 22 日，临时关闭平台升级了服务器存储技术，才解决这一问题。

统一开放协议和元数据著录技术与标准是实现图书档案数字化融合服务中不同资源互操作的凭据，为其实现真正的无缝衔接提供数据转换的标准。虽然档案和图书都是继承和传播文化的载体，但两者在各自领域形成的元数据著录标准并不一致，这致使两者融合后形成了显著的异构数字资源，如果缺乏统一开放协议和相关互操作标准，两者可能无法实现数据转换，自然无法在跨库检索基础上一同访问数据库和异构平台，相应的扩展服务也会受到限制。实际上，目前人们在统一开放协议和元数据著录技术与标准等方面已经获得极大的进展，并为解决异构数字图书档案资源的融合服务问题提供了规范的构架。比如 ISO 10160/10161 馆际互借标准、在线信息交换标准 ONIX、Z39.50 协议、用于不同系统间互操作的开放资源仓储系统参考规范 OAIS、用于元数据检索和数据传送的开放数字资源参考链接标准、用于数字对象编码和交换的元数据编码与交换标准 METS 、用于开放档案元数据获取的互操作协议 OAI-PMH 等。[①] 近些年，在本体、语言建模等基础上开发的语义互操作技术和在元数据整合基础上得出的关联数据都为图书档案数字化融合服务达成分布式异构数据联合搜索和共享提供了关键技术支持。

分布式异构数据跨库检索技术是实现图书档案数字化融合服务功能最重要的技术指标，它为统一访问和存取异构平台内数据提供了最好的解决方案。这种检索机制能忽视所有数据由原存储平台带有的异质性，在遵守开放协议和相应标准的前提下，经过数据库之间的语言转换和映射完美实现"一站式"检索。

---

① 肖希明,郑燃.国外图书馆、博物馆和档案馆数字资源整合研究进展[J].中国图书馆学报,
2012，38（3）：26.

显而易见，数字信息技术及相关标准的每一次完善和升级都为图书档案数字化融合服务发展提供了保障。

二、资源集成储备机制

实体图书馆和档案馆都拥有海量的馆藏资源，在完成数字化集成后提供融合服务时，最基本的要求就是具备足量的数字化集成资源。从资源建设层面分析，图书档案数字化融合服务中储备的可存取的资源数量直接决定服务能否持续开展。当系统中集成资源不足时，搭建的服务平台就会出现"有站无车"的状况，因此无法保障整个系统的运行，这是图书档案数字化融合服务实践过程中早就形成共识的。比如，在运行世界数字图书馆（WDL）平台时，其中包括了96个机构上传的7883个条目，它们分别来源于欧洲、非洲、大洋洲、拉丁美洲、中亚、东亚、南亚，等等。当然还有一部分参与世界数字图书馆项目的合作机构没有上传数字资源，所以，世界数字图书馆（WDL）一开始就在建设特点中表明了它在资源建设上的发展方向：WDL 意味着数字图书馆项目的重心从数量转变为质量，虽然数量依然是必须提前完成的任务，但是资源的质量绝对不能低于项目开始时拟定的相关质量标准。这足够表明 WDL 在发展资源建设方面的标准是质量，而资源数量集成的是将来实现关键突破的重要任务。

三、管理协调激励机制

图书档案数字化融合服务最本质的特性就是降低用户在实际空间中取得信息的复杂程度，达成了用户在虚拟空间随时且方便获取信息的目标，实现这个功能的先决条件是有关主体积极参与，尤其是图书馆和档案馆的参与，需要它们提供大量的资源、财力、人力等核心内容，如果两主体都不投入，就会导致融合服务缺乏孕育和成长的土地，自然无法构建相应平台。但是，在管理图书档案实体的过程中，由于历史传统等相关原因，图书馆和档案馆被分成两个不一样的文化资源收藏系统，即使在同一个系统中也分属两个不同的部门管辖，形成条块分割的管理机制，种种原因导致两者融合服务发展的路途中遍布荆棘，这也是当前国内外图书档案数字化融合服务发展进程中面对的主要束缚，这种原因导致双方参与机构并不相等。图书档案数字化融合服务体系中创建对参与主体的管理协调激励机制是极为重要的保障，协同激励档案部门刻不容缓。

事实上，单从文化本质角度分析，图书馆和档案馆本身就存在极为宽泛的合作基础，两者都是在文化资源建设的构架下给予用户相应的服务，尤其是在现在这种信息网络环境中，它们都是以数字化网络服务作为统一的发展方向，以数字信息技术和互操作标准作为联合支撑手段，以传播知识和文化作为共同的利益追求，国家相关部门可以通过协调激励措施、管理体制改革等手段转变双方由于软硬件设施、管理体制等条件的区别产生的不良态度，培养双方基于利益协调的观念，再根据图书馆和档案馆的馆藏特征和发展目标，一同制定档案和图书的数字化发展政策，真正搭建两者既相互分工又相互合作的关系，共同推动图书档案资源数字化融合服务发展。

第三节　提升网络安全保障能力

图书档案数字化融合服务是一个涉及众多因素的系统工程，无论是组织方面的投入，还是财力方面的投入，都是巨大且必须是持续性的，因此在这一合作发展中追求利益最大化的同时，也伴随着一定的风险，主要包括组织风险、战略风险以及信息安全风险与知识产权风险等。

一、组织风险

组织风险一方面是指在双方合作过程中，由于未能协调好彼此利益以及工作安排，导致可能在服务责任承担方面相互推诿、资源集成不力；另一方面则是由于其中一方因为资金、技术等原因而导致其中途退出。

二、战略风险

战略风险是指该项目设计不能按照当初拟订的战略计划如期完成的可能性。这一风险在由多个组织机构参与的图书档案数字化融合服务发展中也依然如此。组织者在制定战略规划时，虽然做了前期可行性、技术难点等分析，但是某些突发情况仍然不能预知。例如"伽利略计划"面临一些成员国不肯"掏腰包"的尴尬境地，致使该计划不断被拖延。①

三、信息安全风险

信息安全风险是指图书档案数字化融合服务中基于网络与计算机通信安全隐患而导致的档案信息内容安全存在风险。尤其对于档案这一特殊信息载体而言，因其保密性远远高于图书，其在数字化转换与存储以及利用中安全风险系数更高。

四、知识产权风险

知识产权风险是指图书档案数字化融合服务中提供的图书与档案资源所存在的知识产权侵权风险，主要表现为图书档案数字化产权、图书档案在线传播权等，这一风险在数字图书资源中更具普遍性。

因此，基于上述阐释可能存在的诸多风险阻碍图书档案数字化融合服务发展，必须在这一融合服务发展中分别制定风险安全控制策略以保证其稳定可持续发展。包括针对组织风险成立专门的项目协调管理组织，建立沟通协调激励机制；针对战略风险明确发展目标与任务，制定任务进展时间进度表；针对信息安全风险确保对某些限制利用资源在其数字化与在线访问时的权限控制；针对知识产权风险采取相应的规避措施。

---

① 吴建中.战略思考——图书馆管理的10个热门话题[M].上海：上海科学技术文献出版社，2005：21.

参考文献

[1] 查先进. 信息政策与法规 [M]. 北京：科学出版社，2004.

[2] 曹作华. 图书馆信息资源建设与评价 [M]. 徐州：中国矿业大学出版社，2003.

[3] 程焕文，潘燕桃. 信息资源共享 [M]. 北京：高等教育出版社，2004.

[4] 储荷婷，张茵. 图书馆信息学 [M]. 北京：中国人民大学出版社，2007.

[5] 上海市档案局. 档案信息化建设 [M]. 上海：上海教育出版社，2016.

[6] 王英玮，陈智为，刘越南. 档案管理学（第四版）[M]. 北京：中国人民大学出版社，2015.

[7] 梁建梅，陈少慧. 教学档案的管理与信息化建设 [M]. 北京：中国书籍出版社，2015.

[8] 党跃武. 高校档案工作科学发展探索与实践 [M]. 成都：四川大学出版社，2014.

[9] 丁海斌，方鸣，陈永生. 档案学概论 [M]. 沈阳：辽宁大学出版社，2012.

[10] 王晓珠，袁洪. 高校档案管理探索 [M]. 昆明：云南大学出版社，2011.

[11] 黄世喆. 档案管理学 [M]. 北京：高等教育出版社，2016.

[12] 朱小怡. 数字档案馆建设理论与实践 [M]. 上海：华东师范大学出版社，2007.

[13] 高金宇，唐明瑶. 档案管理实务 [M]. 北京：科学出版社，2010.

[14] 王芳. 数字档案馆学 [M]. 北京：中国人民大学出版社，2010.

[15] 王向明. 档案管理学原理 [M]. 上海：上海大学出版社，2009.

[16] 朱玉媛. 档案学基础 [M]. 武汉：武汉大学出版社，2008.

[17] 潘莉. 浅谈高校图书馆电子期刊开发与利用 [J]. 民营科技，2012（11）：43.

[18] 许晨. 关于高校图书馆的期刊开发与利用 [J]. 中国轻工教育，2006（4）：7.

[19] 王翠英. 高校图书馆应确立"以人为本"的服务管理理念 [J]. 攀登，2007（4）：202.

[20] 张田吉. 高校图书馆志愿者管理与服务创新 [J]. 大学图书馆学报，2012（4）：83.

[21] 陈淑珍. 对高校图书馆志愿者工作的思考 [J]. 甘肃科技，2014（11）：6.

[22] 王磊，张学平. 高校图书馆志愿者管理探析 [J]. 图书情报工作，2011（2）：17.

[23] 杨亚维. 高校图书馆志愿者管理策略分析 [J]. 内蒙古科技与经济，2014（15）：9.

[24] 张桂芬. "以人为本"的现代图书馆工作探讨 [J]. 教育教学论坛，2010（3）：67.

[25] 刘菊霞. 高校图书馆管理与服务的现状及发展趋势 [J]. 图书馆理论与实践，2013（12）：83.

[26] 李豫诚. 新技术环境下高校图书馆管理与服务模式探索 [J]. 产业与科技论坛，2017（19）：256.

[27] 孙建红. 新技术环境下高校图书馆管理与服务模式探索 [J]. 科教文汇（下旬刊），2018（4）：182.

[28] 方针. 用户信息技术接受的影响因素模型与实证研究 [D]. 上海：复旦大学，2005.

[29] 胡乃志. 高校图书馆数据库评价与选择的策略研究 [D]. 长春：东北师范大学，2007.